MATEMÁTICA FINANCEIRA APLICADA À PERÍCIA

inter saberes

MATEMÁTICA FINANCEIRA APLICADA À PERÍCIA

Nelson Pereira Castanheira

Rua Clara Vendramin, 58 – Mossunguê
CEP 81200-170 – Curitiba – PR – Brasil
Fone: (41) 2106-4170
www.intersaberes.com
editora@intersaberes.com

Conselho editorial
Dr. Alexandre Coutinho Pagliarini
Dr.ª Elena Godoy
Dr. Neri dos Santos
M.ª Maria Lúcia Prado Sabatella

Editora-chefe
Lindsay Azambuja

Gerente editorial
Ariadne Nunes Wenger

Assistente editorial
Daniela Viroli Pereira Pinto

Preparação de originais
Palavra Arteira Edição e Revisão de Textos

Edição de texto
Monique Francis Fagundes Gonçalves

Palavra do Editor
Tiago Krelling Marinkaska

Capa
Charles L. da Silva (*design*)
M.Style/Shutterstock (imagem)

Projeto gráfico
Sílvio Gabriel Spannenberg

Adaptação do projeto gráfico
Kátia Priscila Irokawa

Diagramação
Rafael Zanellato

***Designer* responsável**
Charles L. da Silva

Iconografia
Regina Claudia Cruz Prestes

Dados Internacionais de Catalogação na Publicação (CIP)
(Câmara Brasileira do Livro, SP, Brasil)

Castanheira, Nelson Pereira
 Matemática financeira aplicada à perícia / Nelson Pereira Castanheira. -- Curitiba, PR : InterSaberes, 2025.

 Bibliografia.
 ISBN 978-85-227-1621-0

 1. Laudos periciais – Brasil 2. Matemática financeira 3. Perícia contábil – Brasil I. Título.

24-230353   CDD-650.01513

Índices para catálogo sistemático:
1. Matemática financeira   650.01513

Cibele Maria Dias – Bibliotecária – CRB-8/9427

1ª edição, 2025.
Foi feito o depósito legal.

Informamos que é de inteira responsabilidade do autor a emissão de conceitos.

Nenhuma parte desta publicação poderá ser reproduzida por qualquer meio ou forma sem a prévia autorização da Editora InterSaberes.

A violação dos direitos autorais é crime estabelecido na Lei n. 9.610/1998 e punido pelo art. 184 do Código Penal.

Sumário

9 *Prefácio*

11 *Apresentação*

13 *Como aproveitar ao máximo este livro*

17 **Capítulo 1 – A perícia econômico-financeira e os conceitos de matemática financeira**

18   1.1 Porcentagem

20   1.2 Transformação de uma razão qualquer em uma razão porcentual

22   1.3 Operações financeiras

22   1.4 Conceitos da matemática financeira

33 **Capítulo 2 – Capitalização simples**

33   2.1 Juros simples

35   2.2 Capitalização simples

40   2.3 Juros ordinários e juros exatos

43   2.4 Juros pela regra do banqueiro

44   2.5 Juros do cheque especial

45   2.6 Saldo médio

47   2.7 Valor atual e valor nominal

47   2.8 Descontos simples

51   2.9 Equivalência de títulos

57 **Capítulo 3 – Capitalização composta**

58   3.1 Juros compostos

63   3.2 Período fracionário

66   3.3 Taxas equivalentes

68   3.4 Taxa nominal e taxa efetiva

71   3.5 Taxa real e taxa aparente

73   3.6 Descontos compostos

76   3.7 Equivalência de títulos

79   3.8 Anatocismo

80   3.9 Juros remuneratórios e juros compensatórios

85	**Capítulo 4 – Rendas ou séries uniformes**
86	4.1 Classificação de uma renda
87	4.2 Modelo básico de renda
92	4.3 Renda antecipada
94	4.4 Renda diferida
99	4.5 Rendas diversas
111	**Capítulo 5 – Sistemas de amortização**
112	5.1 Sistema Francês de Amortização (SFA)
122	5.2 Sistema de Amortização Constante (SAC)
132	5.3 Sistema de Amortização Misto (SAM)
134	5.4 Sistema de Amortização Crescente (Sacre)
151	**Capítulo 6 – Termos utilizados no mundo dos negócios financeiros e ferramentas para análise financeira**
151	6.1 Valor presente líquido (VPL) e taxa mínima de atratividade (TMA)
155	6.2 Taxa interna de retorno (TIR)
158	6.3 *Leasing*
161	6.4 Debêntures
165	6.5 *Spread* bancário
166	6.6 Expurgos inflacionários
167	6.7 Conta corrente garantida e cheque especial
167	6.8 Cartão de crédito e cartão de crédito consignado
168	6.9 Caderneta de poupança
168	6.10 Antecipação de recebíveis
169	6.11 *Factoring*
170	6.12 *Hedge*
171	6.13 *Payback*
172	6.14 Consórcio, associação e cooperativas de crédito
173	6.15 Documentos da perícia
177	*Considerações finais*
178	*Referências*
180	*Respostas*
187	*Sobre o autor*

Dedico este livro à minha esposa Neliva e aos meus filhos Kendric, Marcella e Marcel, aos quais agradeço pela parceria, pela compreensão e pela colaboração durante a execução desta obra e durante toda a minha caminhada levando conhecimentos aos lugares mais longínquos, dentro e fora de nosso país.

"O sucesso nasce do querer, da determinação e persistência em se chegar a um objetivo. Mesmo não atingindo o alvo, quem busca e vence obstáculos, no mínimo fará coisas admiráveis."

José Martiniano de Alencar

Prefácio

Penso que estudar e aprender Matemática tenha sido sempre e continue a ser uma tortura, um pesadelo, para muitas pessoas. Lembro-me da minha época nos bancos escolares – realmente foi muito difícil; mais tarde, na faculdade de Economia, novamente ela apareceu, um pouco mais impotente, como Matemática Financeira – novo martírio. Ainda bem que na faculdade de Direito não tive de passar por essa disciplina.

Todavia, creio que este estudo possa ser facilitado, por exemplo, por alguém que ensine a matemática de maneira mais tranquila, mais desembaraçada, mais compreensível, como o faz o Prof. Castanheira. O autor desta obra, independentemente de seus títulos acadêmicos, que são incontáveis, é doutor em tolerância, em paciência e em boa vontade, requisitos obrigatórios para o ensino de Matemática.

O autor inicia os dois primeiros capítulos trazendo e explicando alguns conceitos básicos, como porcentagem, perícia e perícia econômico-financeira, e alguns conteúdos da matemática financeira, com seus subconceitos; ao falar de capitalização simples, elucida com exemplos os temas de juros simples, ordinário e exato, bem como juros pela regra do banqueiro, "juros" que, da forma como explica, é um tópico muito fácil de entender.

No terceiro capítulo, o autor segue aclarando a capitalização composta com vários exemplos de juros compostos, taxa nominal, efetiva, real e aparente, deixando bem mais fácil a forma de calcular descontos em operações realizadas com juros compostos. No capítulo seguinte, esclarece como são as rendas, com sua classificação e seus modelos, diferenciando a renda antecipada da diferida e de outras rendas.

Por fim, nos dois últimos capítulos, o professor aborda os sistemas de amortização, detalhando o sistema francês, o sistema constante e o sistema crescente, e finaliza com as ferramentas para análise financeira, enfocando algumas operações como o *leasing*, as debêntures, a conta corrente, a poupança e o cartão de crédito, além de demonstrar quais são os documentos que podem ser utilizados pela perícia.

Tenho a certeza de que os leitores, ao se debruçarem para ler este livro, vão se deleitar com os ensinamentos aqui trazidos de forma clara, precisa e dialógica, de modo que o ensino possa se traduzir em aprendizagem, especialmente ao responderem às questões propostas em cada capítulo. Devo dizer que agora, depois de ter lido esta obra, a matemática ficou bem mais fácil de ser compreendida.

Parabéns pela obra, Prof. Castanheira, imortal, colega, amigo e irmão! Agradeço pelo convite para prefaciar tão brilhante trabalho, o que me deixou deveras honrado.

Silvano Alves Alcantara
Doutor em Direito

Apresentação

A matemática é uma das ciências mais antigas que o homem desenvolveu, por meio de raciocínios lógicos e abstratos, utilizando conceitos e técnicas para a formação de conhecimentos. É considerada uma ciência exata, por se basear em axiomas e em teoremas que são logicamente dedutíveis. Mas por que é uma ciência tão temida pela grande maioria das pessoas? Eu atribuo esse medo ao fato de essas mesmas pessoas terem nascido e crescido em um ambiente em que outras pessoas falam da matemática como se fosse algo inatingível.

Algumas pessoas têm medo de altura e só perdem esse medo quando vivenciam algo muito bom em um ambiente em que a altura está presente. Outras pessoas sentem medo de andar de avião sem jamais terem entrado em um avião. Isso faz sentido? Certamente, não. Assim é com a matemática: se você, leitor ou leitora, mentalizar que matemática é fácil e se dedicar ao estudo de seus mais diversos conteúdos, verá que se trata de uma disciplina como outra qualquer em seu curso e aprenderá com facilidade todos os conceitos ensinados.

Esta obra abrangerá, particularmente, a matemática financeira. Isso significa que, além dos conhecimentos básicos da matemática, estudaremos como o dinheiro se comporta ao longo do tempo. Trata-se, portanto, de uma parte da matemática muito utilizada por todos nós no dia a dia. Mais do que isso, este livro se concentrará nos conhecimentos da matemática financeira que têm aplicação na perícia, particularmente a financeira, inclusive na área bancária. Desse modo, destina-se a qualquer pessoa que necessite utilizar os conhecimentos básicos da matemática financeira para uma tomada de decisão.

Como alcançaremos esses objetivos? Este livro foi elaborado em seis capítulos e estruturado para permitir sua aplicação tanto em cursos presenciais quanto em cursos na educação a distância. É uma obra que apresenta uma linguagem de fácil compreensão, abordando os tópicos de forma progressiva e lógica, a fim de possibilitar um estudo agradável. Iniciaremos com o conceito de perícia econômico-financeira e com os conceitos da matemática financeira utilizados para fins de perícia.

Nos capítulos seguintes, detalharemos os conceitos básicos da matemática financeira, da capitalização simples e da capitalização composta e examinaremos os diversos tipos de juros, as diferenças entre juros remuneratórios, juros moratórios, encargos, taxas de juros efetiva, nominal, real e aparente. Nos capítulos posteriores, trataremos de rendas, sistemas de amortização, análise de investimentos, taxa interna de retorno e valor presente líquido.

Finalmente, apresentaremos os conceitos de conta corrente e cartão de crédito, bem como uma explanação sobre a perícia econômico-financeira e os documentos da perícia. Descreveremos os conhecimentos necessários a um perito, quando se trata da área econômico-financeira e bancária, como *leasing*, debêntures, *payback*, *factoring* e *hedge*.

Há cálculos que você poderá realizar com facilidade utilizando uma calculadora simples e alguns cálculos que poderá efetuar até sem o uso dessa ferramenta. Mas há cálculos que são muito demorados, e o uso de uma calculadora financeira é recomendável. Entre as calculadoras existentes no mercado, a mais usual no mundo financeiro é a da empresa Hewlett-Packard, a HP-12C, razão pela qual apresentaremos os cálculos tanto com a utilização das fórmulas quanto com a utilização desse recurso.

Lembre-se de que um livro nasce novamente toda vez que alguém o lê. Uma escultura renasce toda vez que alguém a admira. É isso o que torna um artista imortal, uma vez que as pessoas só morrem quando deixam de ser lembradas.

Boa leitura!

Empregamos nesta obra recursos que visam enriquecer seu aprendizado, facilitar a compreensão dos conteúdos e tornar a leitura mais dinâmica. Conheça a seguir cada uma dessas ferramentas e saiba como estão distribuídas no decorrer deste livro para bem aproveitá-las.

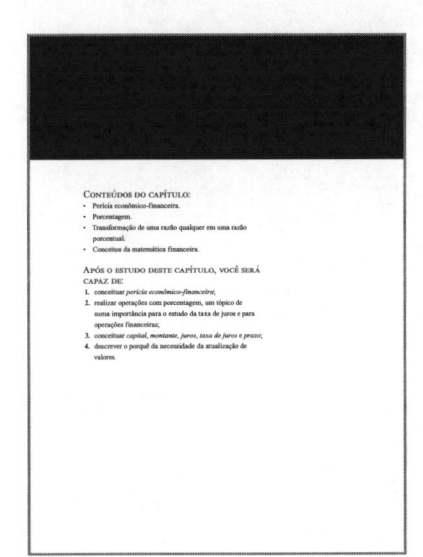

Conteúdos do capítulo
Logo na abertura do capítulo, relacionamos os conteúdos que nele serão abordados.

Após o estudo deste capítulo, você será capaz de:
Antes de iniciarmos nossa abordagem, listamos as habilidades trabalhadas no capítulo e os conhecimentos que você assimilará no decorrer do texto.

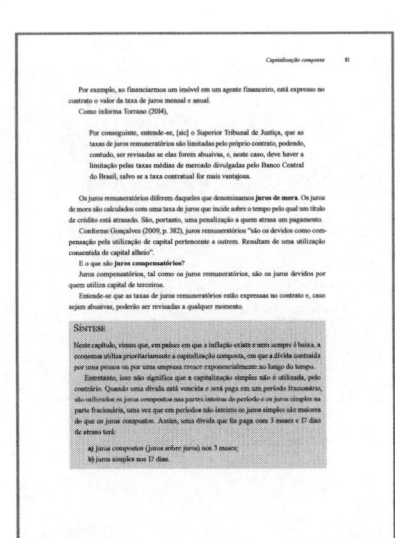

Síntese
Ao final de cada capítulo, relacionamos as principais informações nele abordadas a fim de que você avalie as conclusões a que chegou, confirmando-as ou redefinindo-as.

Questões para revisão

Ao realizar estas atividades, você poderá rever os principais conceitos analisados. Ao final do livro, disponibilizamos as respostas às questões para a verificação de sua aprendizagem.

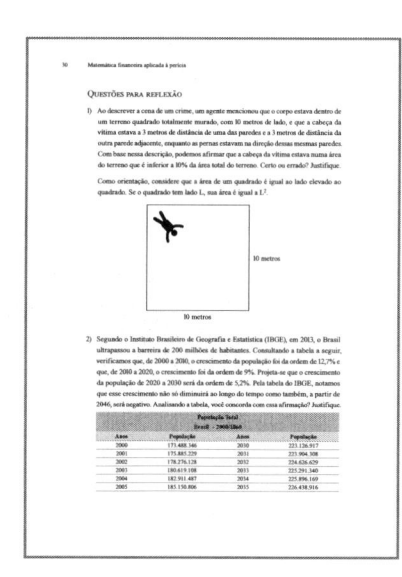

Questões para reflexão

Ao propormos estas questões, pretendemos estimular sua reflexão crítica sobre temas que ampliam a discussão dos conteúdos tratados no capítulo, contemplando ideias e experiências que podem ser compartilhadas com seus pares.

Conteúdos do capítulo
- Perícia econômico-financeira.
- Porcentagem.
- Transformação de uma razão qualquer em uma razão porcentual.
- Conceitos da matemática financeira.

Após o estudo deste capítulo, você será capaz de:
1. conceituar *perícia econômico-financeira*;
2. realizar operações com porcentagem, um tópico de suma importância para o estudo da taxa de juros e para operações financeiras;
3. conceituar *capital, montante, juros, taxa de juros* e *prazo*;
4. descrever o porquê da necessidade da atualização de valores.

1
A perícia econômico-financeira e os conceitos da matemática financeira

Primeiramente, vamos explicar o que se entende por *perícia*. É um termo originário do latim *peritia*, que significa "habilidade especial", "conhecimento adquirido pela experiência". Na língua portuguesa, foi traduzido como "exame, avaliação especializada". Um perito, portanto, é alguém capaz de realizar a análise técnica de uma situação, de um fato ou de um estado (Perícia, 2024).

No direito, a perícia é um meio de prova por meio do qual pessoas tecnicamente qualificadas analisam os fatos juridicamente relevantes à causa examinada, com o fim de esclarecer esses fatos.

A perícia econômico-financeira, por sua vez, consiste em examinar e avaliar os fatos de natureza técnico-científica, quando houver a solicitação de uma autoridade judicial para elucidar determinado fato, de modo a identificar as causas relevantes e motivadoras deste, elaborando-se, na sequência, um laudo. O laudo nada mais é do que um texto que contém um parecer técnico, uma opinião especializada, em relação a um fato que está sendo examinado.

Na perícia econômico-financeira, é possível, por exemplo, analisar a evolução de dívidas decorrentes de empréstimos ou de financiamentos, realizar cálculos de liquidação de sentença trabalhista, identificar uma irregularidade fiscal em uma empresa e dívidas em consequência de inadimplências, calcular indenizações, orientar renegociações de dívidas, entre outras ações. Enquanto a perícia é a ferramenta mais usual em processos judiciais, a principal ferramenta para um perito econômico-financeiro é, sem dúvida, a matemática financeira.

É necessário saber como se comporta o dinheiro ao longo do tempo, quando submetido a uma taxa de juros, seja ela de juros simples, seja ela de juros compostos. É importante conhecer os sistemas de amortização, o conceito de rendas, a avaliação de investimentos e outros conceitos relevantes.

O perito deve ser capaz de esclarecer fatos controversos de origem econômico-financeira mediante o exame de documentos, com o propósito de gerar provas que elucidem um fato cuja origem foi uma demanda judicial, por exemplo.

Em consequência do exame de documentos, o perito deve elaborar um laudo pericial que servirá como subsídio contábil-financeiro para embasamento do processo judicial. Os laudos e os pareceres do perito são elaborados conforme os princípios da matemática financeira, razão pela qual é importante o conhecimento dos conceitos que serão abordados nesta obra.

Uma perícia se faz necessária quando se suspeita de irregularidades ou abusos no valor de uma dívida e, por conseguinte, há uma ação revisional de contrato bancário.

Precisamos, então, conhecer os cálculos financeiros para a realização de uma perícia econômico-financeira de forma completa.

1.1 Porcentagem

O primeiro passo para o completo entendimento do mundo financeiro é o conhecimento de porcentagem. É comum ouvirmos que fulano pagou dez por cento sobre o valor de uma dívida ou que uma aplicação rendeu um por cento no mês.

E o que é porcentagem? Também designada por alguns autores como *percentagem*, nada mais é do que uma medida de razão com base igual a 100. Em outras palavras, porcentagem é a razão entre um número qualquer e 100.

Para a representação de porcentagem, usamos o símbolo %. Assim, se quisermos nos referir a dez por cento, representamos por 10%, que nada mais é do que $\frac{10}{100}$.

Desse modo, representamos 100% por $\frac{100}{100} = 1$. Por isso, chamamos 100% de *unidade*.

Vamos denominar de **P** o principal que temos ou que queremos. Vamos chamar de *porcentagem* uma parte do principal, ou seja, uma parte do todo. Vamos denominar, ainda, **i** de *taxa*, isto é, parte da unidade.

Conforme Castanheira e Macedo (2020, p. 17, grifo do original), "A notação **i%**, que lemos **i por cento**, é usada para representar a fração de $\frac{i}{100}$".

Isso significa que, para determinarmos a porcentagem x, basta aplicarmos uma regra de três simples, como indicado a seguir:

$$\begin{array}{cc} \text{Grandeza 1} & \text{Grandeza 2} \\ P & 100 \\ x & i \end{array}$$

Logo, $\frac{P}{x} = \frac{100}{i} \Rightarrow x = \frac{i \cdot P}{100}$

Para o cálculo da porcentagem de um valor qualquer, é preciso multiplicar o porcentual pelo respectivo valor. É importante lembrar sempre que a notação i% é igual a $\frac{i}{100}$.

Exemplo 1.1

Determinar quanto é 25% de 200.

$$25\% = \frac{25}{100}$$

Então, 25% de 200 será $\frac{25}{100} \cdot 200 = 50$.

Fazendo essa operação passo a passo, primeiro multiplicamos $25 \cdot 200 = 5.000$.

Depois, dividimos o resultado dessa multiplicação por 100, ou seja, $\frac{5.000}{100} = 50$.

Como realizar esse cálculo utilizando a calculadora financeira HP-12C? Cabe ressaltar que, caso não tenha uma calculadora financeira HP-12C, você poderá acessar, na internet, algum emulador da calculadora[1].

Para o cálculo de porcentagem de um valor numérico, a calculadora tem a tecla %. Para a realização do cálculo do montante de uma operação, há uma sequência a ser seguida e, para o seu entendimento, vamos calcular quanto é 25% de 200.

200 ENTER (O primeiro passo é fornecer o valor do qual queremos determinar um percentual)

25 % (O segundo passo é fornecer o valor da porcentagem)

Observe que já aparece no visor da máquina o resultado igual a 50. É possível que no visor você veja esse resultado com uma casa após a vírgula, ou com duas casas após a vírgula, ou com qualquer outra quantidade de casas após a vírgula.

Como mudar isso?

Pressione a tecla alaranjada "f" e, na sequência, o número de casas que deseja ver, entre zero e nove. Por exemplo, se você pressionar a tecla "f" e, em seguida, a tecla 4, verá no visor o número 50,0000. Pressionando agora "f" e, na sequência, a tecla 0, verá 50 no visor da máquina.

Para o cálculo do montante líquido, ou seja, a base de cálculo fornecida somada ou subtraída da porcentagem calculada, basta pressionar a tecla + ou a tecla –, respectivamente, após o cálculo da porcentagem.

Exemplo 1.2

Determinar quanto é 12,5% de 400.

Primeiramente, sabemos que $12,5\% = \frac{12,5}{100}$.

Como queremos calcular 12,5% de 400, devemos multiplicar $\frac{12,5}{100}$ por 400.

Desse modo, teremos:

$$\frac{12,5}{100} \cdot 400 = 50$$

---

1 Emulador da calculadora HP-12C: <https://www.accountcontabilidade.com.br/hp12c>.

Na calculadora HP-12C, pressionamos a seguinte sequência de teclas:

400 ENTER
12.5 %

No visor, teremos o valor 50.

Exemplo 1.3

Determinar quanto é 0,8% de 47.500.

Primeiramente, sabemos $0,8\% = \dfrac{0,8}{100}$.

Como queremos calcular 0,8% de 47.500, devemos multiplicar $\dfrac{0,8}{100}$ por 47.500.

Então, teremos:

$$\dfrac{0,8}{100} \cdot 47.500 = 380$$

Simples e fácil, você não achou?

Na calculadora HP-12C, pressionamos a seguinte sequência de teclas:

47500 ENTER
0.8 %

No visor, teremos o valor 380.

1.2 Transformação de uma razão qualquer em uma razão porcentual

A transformação de uma razão qualquer em uma razão porcentual, também denominada *razão centesimal*, serve para verificar a quantos por cento corresponde a razão dada.

A seguir, vamos analisar alguns exemplos.

Exemplo 1.4

Suponha a razão $\dfrac{3}{5}$. A quantos por cento corresponde essa razão?

Escrevemos $\dfrac{3}{5} = \dfrac{x}{100}$

Ou seja:

$$5 \cdot x = 3 \cdot 100$$

$$x = \dfrac{300}{5}$$

$$x = 60$$

Então, $\dfrac{3}{5} = \dfrac{60}{100}$ ou 60%

Na calculadora HP-12C, pressionamos a seguinte sequência de teclas:

3	ENTER
5	: (No visor, você verá o resultado da divisão de 3 por 5)
100	x (No visor, você verá o percentual procurado igual a 60)

Exemplo 1.5

A quantos por cento corresponde a razão $\dfrac{1}{2}$?

Vejamos:

$$\dfrac{1}{2} = \dfrac{x}{100}$$

$$2 \cdot x = 1 \cdot 100$$

$$x = \dfrac{100}{2}$$

$$x = 50$$

Então, $\dfrac{1}{2} = \dfrac{50}{100}$ ou 50%

Na calculadora HP-12C, pressionamos a seguinte sequência de teclas:

1	ENTER
2	:
100	x (No visor, você verá o percentual procurado igual a 50)

Exemplo 1.6

A quantos por cento corresponde a razão $\dfrac{3}{4}$?

Vejamos:

$$\dfrac{3}{4} = \dfrac{x}{100}$$

$$4 \cdot x = 3 \cdot 100$$

$$x = \dfrac{300}{4}$$

$$x = 75$$

Então, $\dfrac{3}{4} = \dfrac{75}{100}$ ou 75%

Na calculadora HP-12C, pressionamos a seguinte sequência de teclas:

3	ENTER
4	:
100	x (No visor, você verá o percentual procurado igual a 75)

1.3 Operações financeiras

Em qualquer país, tenha ele uma moeda forte ou uma moeda fraca, operações financeiras são realizadas com a utilização de dinheiro.

Em países cujas economias são abertas, investimentos externos são recebidos, o que gera empregos diretos e indiretos. Nesse caso, há mais de uma moeda circulante.

Para o seu entendimento de como essas operações financeiras se processam, alguns conhecimentos teóricos são necessários, que serão detalhados a seguir.

1.4 Conceitos da matemática financeira

Mencionamos anteriormente que uma operação financeira é realizada com a utilização de dinheiro (moeda). Uma operação financeira pode ocorrer de diversas formas: compra, venda, empréstimo, financiamento, investimento, entre outras. Tal operação tem a finalidade de conceder a quem detém o dinheiro uma remuneração pelo seu empréstimo ou por uma aplicação.

1.4.1 Capital

A partir de agora, quando nos referirmos a dinheiro, falaremos em *capital*.

Capital é qualquer valor expresso na moeda corrente de um país e aqui o representaremos por **C**. Esse capital é também denominado por diversos autores de *valor atual*, *valor presente* ou *principal*.

No Brasil, sabemos que a moeda corrente é o real. Assim, um capital de R$ 35.000,00 será representado por C = 35.000,00.

1.4.2 Juros

A palavra *juros* normalmente assusta a quem a ouve, pois ela é associada a uma dívida. Mas devemos lembrar que, enquanto alguém paga juros, alguém os recebe. Portanto, há quem goste de ouvir esse termo.

Juros, definido de forma bem simples, é a remuneração do capital. Representaremos os juros por **J**. Conforme Castanheira e Serenato (2014, p. 18), "O regime de capitalização é que determina a forma de se acumular os juros. Caso os juros incidam somente sobre o capital inicial, trata-se de juros simples. Caso os juros incidam sobre o Capital mais os Juros acumulados anteriormente, trata-se de juros compostos".

E o que se entende por *capitalização*? Nada mais é do que a incorporação dos juros ao capital que os produziu. Assim, quando utilizamos os juros simples, estamos diante de um regime de capitalização simples. Quando utilizamos os juros compostos, estamos diante de um regime de capitalização composta.

Ainda de acordo com Castanheira e Serenato (2014, p. 20),

> O conceito de juros pode ser introduzido por meio das expressões:
>
> a) Dinheiro pago pelo uso de dinheiro emprestado, ou seja, custo do capital de terceiros, colocado à nossa disposição;
> b) Remuneração do capital empregado em atividades produtivas;
> c) Remuneração paga pelas instituições financeiras sobre o capital nelas aplicado;
> d) Remuneração do capital emprestado, podendo ser entendido, de forma simplificada, como sendo o aluguel pago pelo uso do dinheiro.

Há alguns conceitos sobre juros que você precisa saber:

a) Encargos financeiros são taxas aplicadas sobre as operações realizadas pelas instituições financeiras, como as taxas de juros e IOF (Imposto sobre Operações Financeiras).
b) Quando fazemos um empréstimo ou um financiamento, pagamos juros; esses juros são denominados *juros remuneratórios*; podem ser chamados, também, de *juros compensatórios*.
c) Quando atrasamos o pagamento de um empréstimo ou de um financiamento, somos penalizados pagando o que denominamos de *juros moratórios*.

1.4.3 Taxa de juros

Como calcular juros? Lembre-se novamente de que, se alguém paga juros, alguém os recebe.

Para o cálculo dos juros, utilizamos uma taxa de juros, que representaremos por **i**. Trata-se de um percentual a ser aplicado sobre um capital e durante um determinado prazo.

Se alguém perguntasse a você se uma taxa de 1% é baixa ou é alta, o que você responderia?

Alguém pode recordar que a taxa praticada pelos bancos sobre os saldos negativos em conta corrente é, muitas vezes, superior a 10% ao mês, e você poderia responder que 1% é uma taxa baixa.

Contudo, note que a única informação dada foi a de 1%. Nesse caso, poderia ser 1% ao dia, o que seria uma taxa altíssima. Ou poderia ser 1% ao ano, o que seria uma taxa baixíssima.

Observe que uma taxa de juros é um percentual que sempre se refere a um determinado tempo, ou seja, ao dia, ao mês, ao bimestre, ao ano ou a qualquer outra periodicidade. Não faz qualquer sentido informar o percentual sem que ele esteja relacionado a um período, a um tempo.

Assim, temos, como exemplos:

i = 36% ao ano
i = 0,08% ao dia
i = 1,75% ao mês
i = 4% ao bimestre

Usualmente, representamos essas taxas de forma abreviada:

i = 36% a.a.
i = 0,08% a.d.
i = 1,75% a.m.
i = 4% a.b.

Nos processos cíveis, os juros podem ser de 6% a.a. ou 12% a.a., aplicados de forma simples, a contar da citação da parte adversa; em ações por dano, os juros podem retroagir à data da ocorrência do dano.

Até 10 de janeiro de 2003, os juros eram fixados em 6% a.a., passando desde então a 12% a.a., com a alteração do Código de Processo Civil (CPC – Lei n. 13.105, de 16 de março de 2015, Brasil, 2015). A partir de 27 de agosto de 2001, com a publicação da Medida Provisória n. 2.180-35, de 24 de agosto de 2001 (Brasil, 2001), os juros contra a Fazenda Pública passaram a ser de 0,5% ao mês.

Com a edição da Lei n. 11.960, de 29 de junho de 2009 (Brasil, 2009a), nas condenações impostas à Fazenda Pública, independentemente de sua natureza e para fins de atualização monetária, remuneração do capital e compensação da mora, haverá a incidência uma única vez, até o efetivo pagamento, dos índices oficiais de remuneração básica e juros aplicados à caderneta de poupança.

1.4.4 Montante

Afirmamos anteriormente que capitalizar nada mais é do que somar os juros (J) ao capital (C) que os produziu. Denominamos a soma C + J de *montante* e a representaremos por **M**.

Assim, temos:

M = C + J

Ao longo do tempo, representamos o movimento do dinheiro conforme indicado na figura a seguir.

Figura 1.1 – Fluxo de caixa

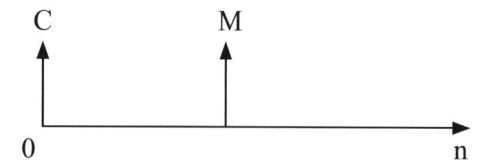

A essa representação damos o nome de *fluxo de caixa*.

1.4.5 Período ou prazo

Ao definirmos a taxa de juros, verificamos que se trata de um percentual a ser aplicado sobre um capital durante determinado prazo. Esse prazo será representado nas fórmulas por **n**.

Assim, n indica o número de vezes que o capital será acrescido de juros.

Como nos alertam Castanheira e Macedo (2020, p. 24), n "Pode ainda se referir à quantidade de parcelas de uma renda", como veremos no Capítulo 4.

1.4.6 Por que se cobram juros?

Sempre que nos referimos a uma operação financeira, estão envolvidos um capital **C** e uma taxa de juros **i**. Logo, temos um valor de juros **J**. Em algumas operações financeiras, a taxa de juros é elevada, o que motiva o tomador do dinheiro emprestado a questionar: Por que um valor tão alto?

Há algumas razões que devem ser levadas em consideração quando se analisa a cobrança (pagamento ou recebimento) de juros. Normalmente, trata-se de uma precaução do possuidor do dinheiro.

Vejamos as principais razões:

a) Há o risco de o tomador do empréstimo não devolver o dinheiro emprestado; trata-se do denominado *risco de crédito*.

b) Há o risco de o tomador do empréstimo atrasar o pagamento de sua dívida; trata-se do denominado *risco de liquidez*.

c) O dinheiro perde seu poder de compra ao longo do tempo; trata-se da denominada *inflação*.

Mas há ainda outras razões para a cobrança de juros:

a) O possuidor do dinheiro deseja ter lucro, pois esse é o seu negócio.

b) Para a formalização de um empréstimo em uma instituição financeira, há despesas operacionais, contratuais e tributárias envolvidas.

c) Existe a possibilidade de perdas em decorrência da situação econômica do país; trata-se do denominado *risco-país*.

1.4.7 Atualização de valores

Sabemos que, em um país em que há inflação, o dinheiro perde seu poder de compra à medida que o tempo passa. Por esse motivo, faz-se necessária uma atualização de valores com determinada periodicidade, para evitar que um capital aplicado perca seu valor durante o tempo da aplicação. Essa atualização é denominada *atualização monetária* ou *correção monetária* e, para a sua aplicação, são utilizados índices oficiais.

Conforme Castanheira (2018, p. 72, 74),

> O Brasil é um país com uma infinidade de números índices, em razão da desvalorização permanente da moeda, que, em consequência, já mudou de nome algumas vezes. [...] No Brasil, a indexação da economia começou com o governo militar implantado em 1964, visando a proteção das cadernetas de poupança e de alguns contratos de financiamento de longo prazo.

Com a inflação em crescimento, a indexação da economia via correção monetária alastrou-se progressivamente. Como até hoje não foi achado um indicador perfeito, vários foram sendo criados para atender a determinados fins ou interesses particulares.

A atualização monetária se apresenta no mercado de operações financeiras de duas formas:

1. Correção *a priori* ou prefixada – É utilizada nas operações de curto e de médio prazo, usando-se uma taxa de inflação "esperada" para o futuro, como no caso de certificados de depósito e letras de câmbio.
2. Correção *a posteriori* ou pós-fixada – É utilizada nas operações de longo prazo e nas operações diretamente regulamentadas pelo governo, como no Fundo de Garantia do Tempo de Serviço (FGTS), no Programa de Integração Social (PIS) e na caderneta de poupança.

Entre os principais números índices, destacamos os listados a seguir:

- Índice Geral de Preços (IGP) – É a média aritmética ponderada de três índices de preços: IPA, IPC e INCC.
- Índice Geral de Preços – Disponibilidade Interna (IGP-DI).
- Índice Geral de Preços – Mercado (IGP-M) – É utilizado para reajuste de tarifas públicas, como energia elétrica e telecomunicações, em contratos de aluguéis e em contratos de prestação de serviços. É a média aritmética ponderada da inflação de três índices de preços: IPA, IPC e INCC.
- Índice Nacional de Custo da Construção (INCC) – Mede o valor dos gastos com as obras de um imóvel na planta.
- Índice Nacional de Preço ao Consumidor (INPC) – Mede a variação média dos preços de um conjunto de produtos e serviços consumidos pela população.

- Índice de Preços ao Produtor Amplo (IPA) – Registra variações de preços de produtos agropecuários e industriais nas transações interempresariais, ou seja, antes da comercialização ao consumidor final.
- Índice de Preços ao Consumidor (IPC) – Mede a variação de preços de um conjunto fixo de bens e serviços destinados às famílias com renda entre 1 e 33 salários mínimos mensais.
- Índice de Preços ao Consumidor Amplo (IPCA) – É o índice oficial da inflação do país; mede a variação de preços de um conjunto de produtos e serviços que refletem o consumo pessoal das famílias.
- Índice de Preços ao Consumidor Amplo Especial (IPCA-E) – É utilizado como índice oficial da inflação do país e como referência para o reajuste da taxa de juros, para a avaliação da perda de compra da moeda brasileira ao longo do tempo e para a correção monetária dos créditos trabalhistas por parte da Justiça do Trabalho.
- Sistema Especial de Liquidação e de Custódia (Selic) – Determina os juros básicos da economia e afeta todas as taxas de juros praticadas no país que o tem como referência.
- Taxa Referencial (TR) – Tem pouca relevância para o cálculo da taxa de juros, mas é um importante indexador para o Banco Central em cálculos como o da caderneta de poupança.

Os débitos trabalhistas também têm atualização monetária *pro rata die* a partir do dia imediatamente após a data de seu vencimento. Na Justiça do Trabalho, o índice utilizado é o Fator de Atualização e Conversão de Débitos Trabalhistas (FACDT).

E o que significa *pro rata die*? *Pro rata* se refere ao cálculo efetuado de forma proporcional. *Die* se refere ao número de dias do período em questão. Logo, *pro rata die* diz respeito ao cálculo da correção monetária ou dos juros em períodos fracionários que é feito de forma proporcional ao número de dias do período. Quando nos referimos a período fracionário, estamos considerando meses ou anos incompletos.

Os cálculos de um processo trabalhista podem ocorrer de quatro formas distintas: 1) cálculo efetuado pela parte; 2) cálculo efetuado por um contador judicial; 3) cálculo efetuado por artigos de liquidação, quando é permitida a produção de provas em questões relativas ao cálculo; e 4) cálculo efetuado por um perito, quando a liquidação é por arbitramento.

SÍNTESE

Neste capítulo, vimos que, no direito, um perito tem uma função importantíssima quando se trata da elaboração de um laudo que exija conhecimentos de matemática financeira. Ele precisa ter conhecimentos sólidos sobre o comportamento do dinheiro ao longo do tempo.

Isso exige o domínio da capitalização simples e da capitalização composta e, para tal, o primeiro passo é dominar os conceitos de capital, montante, período, juros e taxa de juros. Para o entendimento da taxa de juros, por sua vez, é necessário saber calcular porcentagem, que estudamos detalhadamente neste capítulo.

Verificamos o porquê da cobrança de juros e enfatizamos que, em um mercado em que há inflação, se justifica o fato de os juros praticados terem uma taxa elevada. Nesse sentido, relacionamos:

- a possibilidade de o tomador do empréstimo não devolver o dinheiro;
- a perda do poder de compra do dinheiro em virtude de uma inflação que sempre existirá em um país em que a moeda não é tão forte;
- o fato de que quem empresta o dinheiro deseja ter lucro;
- o risco-país.

A matemática financeira, assim como os demais ramos da matemática, exige do aluno uma dedicação grande para a realização de exercícios. Não basta olhar os exercícios resolvidos. É necessário treinar.

QUESTÕES PARA REVISÃO

1) Complete o quadro a seguir:

Porcentagem	50%	75%	10%
Como se lê			
Fração correspondente			
Número decimal			

2) Uma pessoa tinha uma dívida de R$ 12.350,00. Trinta dias depois, a dívida aumentou para R$ 14.202,50. Qual foi o percentual de aumento nesses 30 dias?

    a. 86,96%
    b. 15%
    c. 1,15%
    d. 8,696%

3) Em um concurso para delegado, ocorreram 808 inscrições, mas apenas 606 candidatos compareceram no dia da prova. Qual foi o percentual de inscritos que não compareceram?

   a. 20,2%
   b. 20%
   c. 22,5%
   d. 25%

4) (Enem/2017) Num dia de tempestade, a alteração na profundidade de um rio, num determinado local, foi registrada durante um período de 4 horas. Os resultados estão indicados no gráfico de linhas. Nele, a profundidade h, registrada às 13 horas, não foi anotada e, a partir de h, cada unidade sobre o eixo vertical representa um metro.

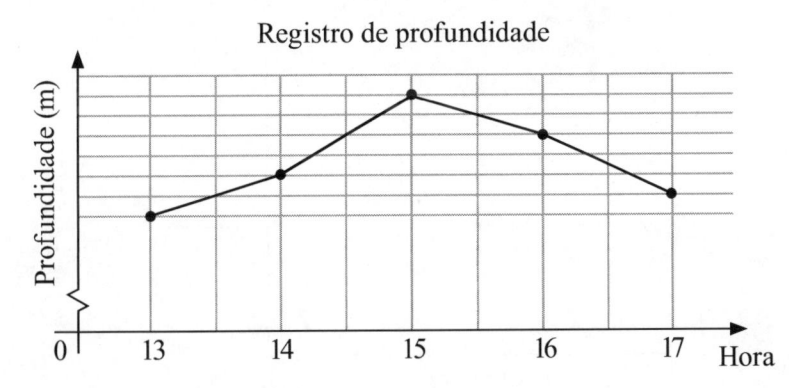

Registro de profundidade

Foi informado que entre 15 horas e 16 horas, a profundidade do rio diminuiu em 10%.

Às 16 horas, qual é a profundidade do rio, em metro, no local onde foram feitos os registros?

   a. 18
   b. 20
   c. 24
   d. 36

5) A figura a seguir apresenta uma área preenchida e uma área em branco. Qual é o percentual do quadrado que apresenta a área em branco?

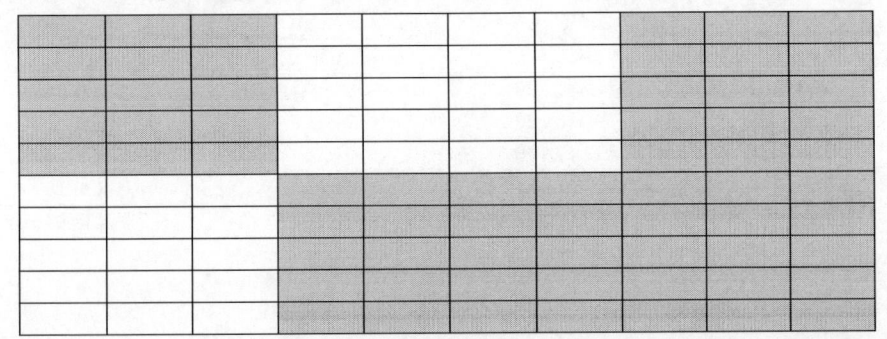

Questões para reflexão

1) Ao descrever a cena de um crime, um agente mencionou que o corpo estava dentro de um terreno quadrado totalmente murado, com 10 metros de lado, e que a cabeça da vítima estava a 3 metros de distância de uma das paredes e a 3 metros de distância da outra parede adjacente, enquanto as pernas estavam na direção dessas mesmas paredes. Com base nessa descrição, podemos afirmar que a cabeça da vítima estava numa área do terreno que é inferior a 10% da área total do terreno. Certo ou errado? Justifique.

   Como orientação, considere que a área de um quadrado é igual ao lado elevado ao quadrado. Se o quadrado tem lado L, sua área é igual a L^2.

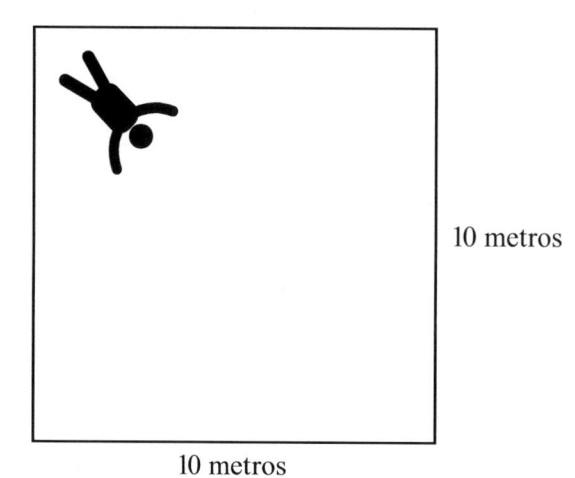

2) Segundo o Instituto Brasileiro de Geografia e Estatística (IBGE), em 2013, o Brasil ultrapassou a barreira de 200 milhões de habitantes. Consultando a tabela a seguir, verificamos que, de 2000 a 2010, o crescimento da população foi da ordem de 12,7% e que, de 2010 a 2020, o crescimento foi da ordem de 9%. Projeta-se que o crescimento da população de 2020 a 2030 será da ordem de 5,2%. Pela tabela do IBGE, notamos que esse crescimento não só diminuirá ao longo do tempo como também, a partir de 2046, será negativo. Analisando a tabela, você concorda com essa afirmação? Justifique.

População Total Brasil – 2000/2060			
Anos	População	Anos	População
2000	173.488.346	2030	223.126.917
2001	175.885.229	2031	223.904.308
2002	178.276.128	2032	224.626.629
2003	180.619.108	2033	225.291.340
2004	182.911.487	2034	225.896.169
2005	185.150.806	2035	226.438.916

População Total Brasil – 2000/2060			
Anos	População	Anos	População
2006	187.335.137	2036	226.917.266
2007	189.462.755	2037	227.329.138
2008	191.532.439	2038	227.673.003
2009	193.543.969	2039	227.947.957
2010	195.497.797	2040	228.153.204
2011	197.397.018	2041	228.287.681
2012	199.242.462	2042	228.350.924
2013	201.032.714	2043	228.343.224
2014	202.768.562	2044	228.264.820
2015	204.450.649	2045	228.116.279
2016	206.081.432	2046	227.898.165
2017	207.660.929	2047	227.611.124
2018	209.186.802	2048	227.256.259
2019	210.659.013	2049	226.834.687
2020	212.077.375	2050	226.347.688
2021	213.440.458	2051	225.796.508
2022	214.747.509	2052	225.182.233
2023	215.998.724	2053	224.506.312
2024	217.193.093	2054	223.770.235
2025	218.330.014	2055	222.975.532
2026	219.408.552	2056	222.123.791
2027	220.428.030	2057	221.216.414
2028	221.388.185	2058	220.254.812
2029	222.288.169	2059	219.240.240
		2060	218.173.888

Fonte: IBGE, 2013.

Conteúdos do capítulo
- Juros simples.
- Capitalização simples.
- Juros ordinários e juros exatos.
- Juros pela regra do banqueiro.
- Desconto simples.
- Equivalência de títulos.

Após o estudo deste capítulo, você será capaz de:
1. conceituar *juros simples* e *capitalização simples*;
2. realizar operações com capital, montante, juros, taxa de juros e prazo em capitalização simples;
3. conceituar e calcular juros ordinários, juros exatos e juros pela regra do banqueiro;
4. calcular descontos em operações realizadas com juros simples;
5. identificar se determinada troca de títulos é vantajosa.

2 Capitalização simples

Até este ponto, abordamos uma série de conceitos importantes para o seu entendimento da perícia econômico-financeira e da matemática financeira. A partir de agora, veremos como efetuar cálculos financeiros, também importantes para um perito.

Primeiramente, lembre-se de que capitalizar nada mais é do que somar juros ao capital que os produziu. Quando os juros são simples, trata-se do regime de capitalização simples. Quando os juros são compostos, trata-se do regime de capitalização composta.

2.1 Juros simples

Surge, então, uma pergunta: Quando o juro é denominado *simples*?

Juro (J) simples é aquele cuja taxa de juros (i) é aplicada **sempre** sobre o capital inicial (C), ou seja, sempre sobre o que chamamos de *valor presente*.

Para que possamos calcular os juros pagos ou recebidos por alguém, devemos atentar para os seguintes aspectos:

a) Quanto mais tempo (n) se utiliza o dinheiro (capital) de alguém, mais juros serão pagos pelo seu uso; portanto, prazo (tempo) e juros são grandezas diretamente proporcionais.

b) Quanto maior o capital emprestado, mais juros serão pagos pelo seu uso; portanto, capital e juros são grandezas diretamente proporcionais.

c) Para o cálculo dos juros a pagar ou a receber, utiliza-se um percentual a ser aplicado ao capital emprestado. Esse percentual é chamado de *taxa de juros* (i) e, quanto maior a taxa de juros, maior o valor dos juros; portanto, juros e taxa de juros são grandezas diretamente proporcionais.

Entre pessoas que trabalham no mundo financeiro, mas não conhecem com detalhes a matemática financeira, existe a ideia de que o juro simples não deveria ser utilizado em países em que a inflação é alta, como acontece no caso brasileiro.

No entanto, isso isso é um erro muito grande. Veremos, depois de tratarmos das capitalizações simples e composta, que o juro simples é muito utilizado e, às vezes, é mais alto do que o juro composto. O juro simples é utilizado na aplicação de *hot money* (empréstimo diário e renovável, com juros comerciais e com taxas mensais), em descontos de cheques ou de duplicatas, em contas vinculadas por saldo devedor (funciona tal qual a caderneta de poupança), entre outros casos.

Quanto maior for a taxa de juros, maior será o valor dos juros. Logo, são grandezas diretamente proporcionais.

Mas não podemos nos esquecer, também, de que, quanto maior for o tempo sobre o qual alguém paga juros, maior será o valor desses juros. Novamente, são grandezas diretamente proporcionais.

Assim, podemos definir a fórmula para o cálculo dos juros simples da seguinte forma:

$$J = C \cdot i \cdot n$$

Vamos analisar alguns exemplos.

Exemplo 2.1

Considere que um capital de R$ 9.250,00 foi emprestado a uma taxa de juros simples de 1,4% ao mês. O devedor quitou sua dívida 8 meses após o empréstimo. Qual foi o valor dos juros pagos?

$$J = C \cdot i \cdot n$$

Como tanto a taxa e quanto o prazo estão fixados em meses, nenhuma transformação se faz necessária. É importante lembrar, entretanto, que a taxa é de 1,4% ao mês. Logo, o valor 1,4 deve ser dividido por 100 antes de ser inserido na fórmula.

$$J = 9.250,00 \cdot 0,014 \cdot 8$$
$$J = 1.036,00$$

Como resolver esse problema utilizando a calculadora financeira HP-12C?

Conforme Castanheira e Serenato (2014, p. 24), "Observe que a calculadora financeira HP-12C foi desenvolvida para atender às exigências do mercado financeiro. Assim, ela é indicada para operações que envolvem juros compostos. Entretanto, podemos utilizá-la para a maioria das operações que envolvem juros simples".

Mas, para isso, alguns cuidados devem ser tomados. Para a máquina trabalhar com juros simples, é necessário fornecer o prazo (n) **sempre** em dias e a taxa de juros (i) **sempre** ao ano.

Na calculadora HP-12C, pressionamos a seguinte sequência de teclas:

f	REG	(Essa operação limpa todos os registradores financeiros)
f	2	(Para termos o valor dos juros com duas casas decimais)
8	ENTER	
30	x n	(Fornecemos no registrador **n** o valor do prazo de 8 meses transformado em dias)
9250	CHS PV	(Capital inicial com sinal de fluxo de caixa)
1.4	ENTER	
12	x i	(Fornecemos no registrador **i** o valor da taxa ao ano)
f	INT	(Valor dos juros simples = 1.036,00)

Convém ressaltar que multiplicamos os 8 meses por 30 porque estamos considerando um ano comercial, ou seja, um ano em que os 12 meses são iguais e todos têm 30 dias.

Mas já havíamos visto que:

$$M = C + J$$

Então, temos:

$$M = C + C \cdot i \cdot n$$

Ou seja:

$$M = C \cdot (1 + i \cdot n)$$

Essa é a fórmula geral da capitalização simples.

2.2 Capitalização simples

Na capitalização simples, os juros produzidos por um capital são constantes e proporcionais ao capital, na razão da taxa de juros. Segundo Castanheira e Serenato (2014, p. 23), "como para cada intervalo a que corresponde a taxa de juros temos um mesmo valor dos juros, se quisermos saber o total no período basta multiplicar o valor de cada intervalo pelo número de intervalos".

Dois cuidados devem ser tomados ao se substituírem os valores da taxa de juros e do período (ou prazo) na fórmula dos juros simples ou na fórmula geral da capitalização simples.

Primeiro, tanto a taxa de juros (i) quanto o período (n) devem estar relacionados a uma mesma base de tempo, ou seja, se a taxa é ao mês, o período é em meses; se a taxa é ao ano, o período é em anos, e assim por diante.

Em segundo lugar, é importante lembrar que a taxa de juros é uma porcentagem. Portanto, se tivermos, por exemplo, i = 2%, o valor a ser inserido na fórmula será 0,02, ou seja, 2 dividido por 100.

Exemplo 2.2

Imaginemos que um empréstimo de R$ 18.000,00 foi realizado a uma taxa de juros simples de 2% ao mês. Quanto o tomador do empréstimo terá pagado de juros, se ele quitou a dívida em 5 meses?

Vamos realizar o cálculo mês a mês (n sempre igual a 1). Observe o quadro a seguir.

Quadro 2.1 – Cálculo dos juros simples período a período

Mês	Juros mensais	Juros acumulados
0	-	-
1	J = C · i · n = 18.000,00 · 0,02 · 1 = 360,00	360,00
2	J = C · i · n = 18.000,00 · 0,02 · 1 = 360,00	720,00
3	J = C · i · n = 18.000,00 · 0,02 · 1 = 360,00	1.080,00
4	J = C · i · n = 18.000,00 · 0,02 · 1 = 360,00	1.440,00
5	J = C · i · n = 18.000,00 · 0,02 · 1 = 360,00	1.800,00

Poderíamos ter realizado esse cálculo considerando o período total de 5 meses, como indicado a seguir:

J = C · i · n
J = 18.000,00 · 0,02 · 5
J = 1.800,00

Na calculadora HP-12C, pressionamos a seguinte sequência de teclas:

f	REG	
f	2	
5	ENTER	
30	x	n
18000	CHS	PV
2	ENTER	
12	x	i
f	INT	(Valor dos juros simples = 1.800,00)

Verificamos, portanto, que é indiferente se o tomador do empréstimo pagará os juros periodicamente, mês a mês, ou se os pagará em parcela única, ao final do período contratado. Para o cálculo do montante dessa operação, pode ser utilizada qualquer uma das duas fórmulas a seguir:

$M = C + J$
$M = 18.000,00 + 1.800,00$
$M = 19.800,00$

ou

$M = C \cdot (1 + i \cdot n)$
$M = 18.000,00 \cdot (1 + 0,02 \cdot 5)$
$M = 18.000,00 \cdot (1 + 0,10)$
$M = 18.000,00 \cdot 1,1$
$M = 19.800,00$

Exemplo 2.3

Suponha que uma empresa aplicou R$ 140.000,00 a juros simples com uma taxa igual a 1% ao mês. Qual foi o montante obtido após dois anos?

Vamos calcular do seguinte modo:

$M = C \cdot (1 + i \cdot n)$
$M = 140.000,00 \cdot (1 + 0,01 \cdot 24)$

Observe que fornecemos a taxa ao mês. Por isso, transformamos o prazo de dois anos em 24 meses.

$M = 140.000,00 \cdot 1,24$
$M = 173.600,00$

Na calculadora HP-12C, pressionamos a seguinte sequência de teclas:

f	REG		
f	2		
24	ENTER		
30	x	n	
1	ENTER		
12	x	i	(A taxa deve ser ao ano, para capitalização simples)
140000	CHS	PV	
f	INT		(Juros = 33.600,00)
+			(Montante igual a 173.600,00)

Exemplo 2.4

Suponha que um capital de R$ 38.400,00 foi aplicado a juros simples e resultou, após 8 meses, num montante de R$ 41.011,20. Qual foi a taxa de juros simples utilizada nessa operação?

Vejamos:

$$M = C \cdot (1 + i \cdot n)$$
$$41.011,20 = 38.400,00 \cdot (1 + i \cdot 8)$$
$$41.011,20 = 38.400,00 + 38.400,00 \cdot i \cdot 8$$
$$41.011,20 - 38.400,00 = 307.200,00 \cdot i$$
$$307.200,00 \cdot i = 2.611,20$$
$$i = \frac{2.611,20}{307.200,00}$$
$$i = 0,0085 \text{ ao mês}$$

Aqui, devemos ressaltar dois pontos:

1. Por que a taxa de 0,0085 é ao mês? A resposta é: porque o prazo foi fornecido em meses e entre essas duas grandezas (taxa e prazo) sempre há uma homogeneidade quanto à base de tempo utilizada.
2. Como normalmente a taxa é fornecida em percentual, para transformar 0,0085 em porcentagem, basta deslocar a vírgula duas casas para a direita (estamos multiplicando por 100) e acrescentar o símbolo % (estamos dividindo por 100). Assim, 0,0085 ao mês é igual a 0,85% ao mês.

É importante observar que a calculadora financeira HP-12C, apesar de seu enorme potencial quando utilizada em capitalização composta, apresenta limitações em seu uso para capitalização simples. Nesse sentido, o cálculo do Exemplo 2.4 não pode ser realizado com a calculadora HP-12C na função financeira. Essa calculadora também não poderá ser utilizada nos Exemplos 2.5 e 2.6.

Exemplo 2.5

Que capital aplicado a juros simples de 1% ao mês, durante um ano, resultou num montante de R$ 145.600,00?

Primeiramente, observe que entre as grandezas *taxa* e *prazo* deve existir uma coerência entre os tempos. Como a taxa foi fornecida ao mês e o prazo foi fornecido em ano, uma das duas grandezas deve ser transformada. Por exemplo, vamos transformar ano em meses. Depois, é importante lembrar que 1% é igual a 0,01, ou seja, 1 dividido por 100.

Vejamos:

1 ano = 12 meses
i = 1% a.m. = 0,01 a.m.

Temos, então, que:

$M = C \cdot (1 + i \cdot n)$
$145.600,00 = C \cdot (1 + 0,01 \cdot 12)$
$145.600,00 = C \cdot 1,12$
$C = \dfrac{145.600,00}{1,12}$
$C = 130.000,00$

Exemplo 2.6

O capital de R$ 28.750,00 foi aplicado a uma taxa de juros simples igual a 0,75% ao mês e resultou num montante de R$ 30.690,63. Por quanto tempo esse capital ficou aplicado?

Vejamos:

$M = C \cdot (1 + i \cdot n)$
$30.690,63 = 28.750,00 \, (1 + 0,0075 \cdot n)$
$\dfrac{30.690,63}{28.750,00} = (1 + 0,0075 \cdot n)$
$1,0675 = 1 + 0,0075 \cdot n$
$1,0675 - 1 = 0,0075 \cdot n$
$n = \dfrac{0,0675}{0,0075}$
$n = 9$ meses

Por que a resposta do prazo foi em meses? Porque a taxa foi fornecida, na fórmula, em meses.

As grandezas *taxa* (i) e *prazo* (n) sempre deverão estar relacionadas a uma mesma base de tempo quando forem substituídas numa fórmula.

É importante verificar que os juros simples crescem, ao longo do tempo, linearmente.

Observe a figura a seguir.

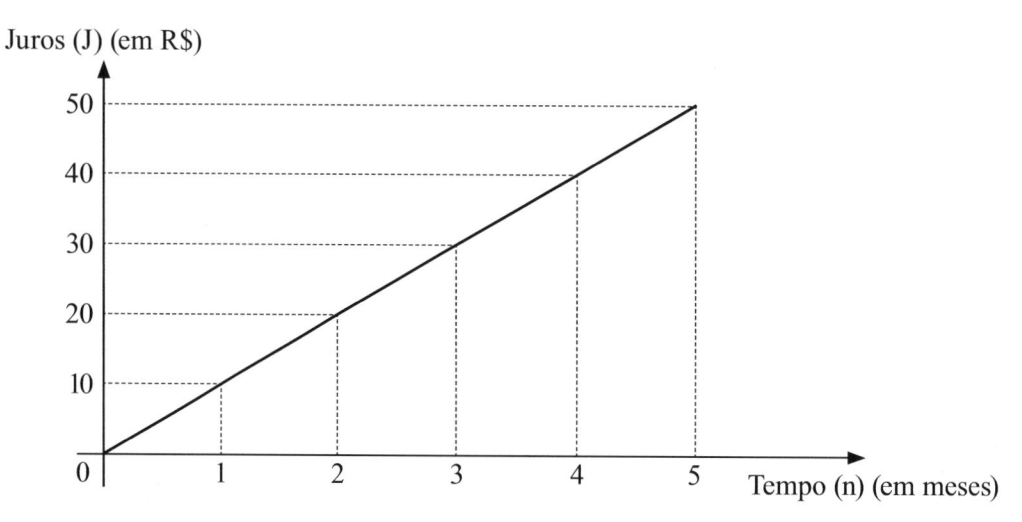

Figura 2.1 – Crescimento dos juros simples ao longo do tempo

Juros (J) (em R$)

[Gráfico: linha reta crescente partindo da origem, passando pelos pontos (1,10), (2,20), (3,30), (4,40), (5,50); eixo horizontal: Tempo (n) (em meses)]

Em capitalização simples, para determinar uma taxa de juros simples equivalente a outra, basta utilizar uma regra de três simples.

Por exemplo, se temos uma taxa de juros simples igual a 1% ao mês, para saber a taxa equivalente ao ano, basta multiplicá-la por 12, uma vez que um ano tem 12 meses. Uma taxa de 12% ao semestre é igual a 2% ao mês, visto que um semestre tem 6 meses. E assim por diante.

2.3 Juros ordinários e juros exatos

Você já sabe que um ano comercial tem 360 dias, uma vez que consideramos que todos os meses são iguais, com 30 dias.

Os juros simples calculados considerando-se um ano comercial são denominados *juros ordinários*.

Ao considerarmos um ano com 365 dias para o período, temos um ano civil e os juros assim calculados são denominados *juros exatos*.

A calculadora HP-12C nos permite calcular os dois tipos de juros, lembrando que, em capitalização simples, permanece a necessidade de fornecer para a máquina o prazo em dias e a taxa de juros ao ano.

Para o entendimento da diferença existente entre esses dois tipos de juros, vamos analisar alguns exemplos.

Exemplo 2.7

Suponha que precisamos calcular os juros exatos e os juros ordinários resultantes de uma aplicação de R$ 250.000,00 durante os meses de julho e agosto, a uma taxa de juros simples de 24% ao ano.

a) Juros ordinários (Ano comercial)

$C = 250.000,00$
$i = 24\%$ a.a. $= 0,24$ a.a.
$n = 2$ meses $= \dfrac{2}{12}$ anos (Na HP-12C, é importante lembrar que são 60 dias)
$J = C \cdot i \cdot n$
$J = 250.000,00 \cdot 0,24 \cdot \dfrac{2}{12}$
$J = 10.000,00$

Na calculadora HP-12C, pressionamos a seguinte sequência de teclas:

f	REG	
f	2	
250000	CHS	PV
24	i	
60	n	
f	INT	(Juros ordinários = 10.000,00)

b) Juros exatos (Ano civil)

$C = 250.000,00$
$i = 24\%$ a.a. $= 0,24$ a.a.
$n = 62$ dias $= \dfrac{62}{365}$ anos (Na HP-12C, é importante lembrar que são 62 dias)
$J = 250.000,00 \cdot 0,24 \cdot \dfrac{62}{365}$
$J = 10.191,78$

Na calculadora HP-12C, pressionamos a seguinte sequência de teclas:

f	REG	
f	2	
250000	CHS	PV
24	i	
62	n	
f	INT	(Juros ordinários, considerando-se 62 dias)
R↓		(Mostra no visor o valor do capital inicial)
$x \gtrless y$		(Juros exatos = 10.191,78)

Ao observar esses resultados, você pode deduzir que o mercado financeiro nos cobra os juros exatos, por serem maiores do que os juros ordinários. Mas será que é sempre assim? Vejamos o exemplo a seguir.

Exemplo 2.8

Calcular os juros exatos e os juros ordinários resultantes de uma aplicação de R$ 250.000,00 durante os meses de fevereiro e março, a uma taxa de juros simples de 24% ao ano.

a) Juros ordinários (Ano comercial)

$C = 250.000,00$

$i = 24\%$ a.a. $= 0,24$ a.a.

$n = 2$ meses $= \dfrac{2}{12}$ anos (Na HP-12C, é importante lembrar que são 60 dias)

$J = C \cdot i \cdot n$

$J = 250.000,00 \cdot 0,24 \cdot \dfrac{2}{12}$

$J = 10.000,00$

Na calculadora HP-12C, pressionamos a seguinte sequência de teclas:

f	REG	
f	2	
250000	CHS	PV
24	i	
60	n	
f	INT	(Juros ordinários = 10.000,00)

b) Juros exatos (Ano civil)

$C = 250.000,00$

$i = 24\%$ a.a. $= 0,24$ a.a.

$n = 59$ dias $= \dfrac{59}{365}$ anos (Na HP-12C, é importante lembrar que são 59 dias)

$J = 250.000,00 \cdot 0,24 \cdot \dfrac{59}{365}$

$J = 9.698,63$

Na calculadora HP-12C, pressionamos a seguinte sequência de teclas:

f	REG	
f	2	
250000	CHS	PV
24	i	
59	n	
f	INT	(Juros ordinários, considerando-se 59 dias)
R↓		(Mostra no visor o valor do capital inicial)
x ≷ y		(Juros exatos = 9.698,63)

Opa! Agora os juros ordinários foram maiores do que os juros exatos. Afinal, qual é o tipo de juros que o mercado utiliza no dia a dia? A resposta está na seção a seguir.

2.4 Juros pela regra do banqueiro

O mercado, ao utilizar o cálculo dos juros simples, considera, para o estabelecimento da homogeneidade na base dos tempos do período e da taxa de juros, o seguinte critério: supõe-se um ano comercial que tem os 12 meses iguais, porém, para o cálculo do período de utilização de um capital emprestado, considera-se o ano civil, ou seja, o número exato de dias sobre os quais o capital pagou (ou recebeu) juros.

Vamos rever os dois últimos exemplos, mas agora calculando os juros pela regra do banqueiro.

Exemplo 2.9

Suponha que precisamos calcular os juros, pela regra do banqueiro, resultantes de uma aplicação de R$ 250.000,00 durante os meses de julho e agosto, a uma taxa de juros simples de 24% ao ano.

$C = 250.000,00$
$i = 24\%$ a.a. $= 0,24$ a.a.
$n = 62$ dias (Considerando-se o ano civil)

Para a transformação desses 62 dias em ano, consideramos o ano comercial. Assim, temos:

$$n = \frac{62}{360}$$
$$J = C \cdot i \cdot n$$
$$J = 250.000,00 \cdot 0,24 \cdot \frac{62}{360}$$
$$J = 10.333,33$$

Na calculadora HP-12C, pressionamos a seguinte sequência de teclas:

f	REG	
f	2	
250000	CHS	PV
24	i	
62	n	
f	INT	(Juros do banqueiro = 10.333,33)

Nesse exemplo, verifique que os juros pela regra do banqueiro foram maiores do que os juros ordinários e maiores do que os juros exatos.

Exemplo 2.10

Suponha que precisamos calcular os juros, pela regra do banqueiro, resultantes de uma aplicação de R$ 250.000,00 durante os meses de fevereiro e março, a uma taxa de juros simples de 24% ao ano.

$C = 250.000,00$

$i = 24\%$ a.a. $= 0,24$ a.a.

$n = 59$ dias

$J = C \cdot i \cdot n$

$J = 250.000,00 \cdot 0,24 \cdot \dfrac{59}{360}$

$J = 9.833,33$

Na calculadora HP-12C, pressionamos a seguinte sequência de teclas:

f	REG	
f	2	
250000	CHS	PV
24	i	
59	n	
f	INT	(Juros ordinários = 9.833,33)

Observe, portanto, que nem sempre os juros pela regra do banqueiro são maiores do que os juros ordinários ou maiores do que os juros exatos. Isso depende de quantos dias tem o mês da aplicação.

2.5 Juros do cheque especial

Você, com certeza, conhece o cheque especial e, eventualmente, pode ter utilizado um valor que negativou seu saldo. Nesse caso, a instituição financeira pode cobrar juros em virtude dessa utilização. Como é feito o cálculo desses juros? Esse cálculo é feito pelo chamado *Método Hamburguês*.

Para a utilização do Método Hamburguês, a instituição financeira considera, dia a dia, os diversos capitais (C_1, C_2, C_3, C_4, C_5, ... , C_n) referentes aos diversos prazos (n_1, n_2, n_3, n_4, n_5, ... , n_n) e, com isso, calcula o valor dos juros simples a ser pago pelo correntista, utilizando uma taxa i constante.

Temos, então, a seguinte fórmula:

$J = C_1 \cdot i \cdot n_1 + C_2 \cdot i \cdot n_2 + C_3 \cdot i \cdot n_3 + C_4 \cdot i \cdot n_4 + C_5 \cdot i \cdot n_5 + ... + C_n \cdot i \cdot n_n$

Resumidamente:

$J = i \cdot \sum (c_k \cdot n_k)$, com k variando de 1 até n.

Vamos analisar um exemplo.

Exemplo 2.11
Considere um correntista que, em determinado mês, teve seu saldo negativo em alguns dias, conforme mostrado no Quadro 2.2.

Quadro 2.2 – Saldo de um correntista em um mês de 30 dias

Saldo	Número de dias
– 12.400,00	6
+ 8.432,00	10
– 9.204,00	6
+ 10.008,00	8

Considerando uma taxa de juros simples igual a 4% ao mês, calcule os juros que serão debitados desse correntista.

$$J = \frac{0,04}{30} \cdot (12.400,00 \cdot 6 + 9.204,00 \cdot 6)$$

$$J = 172,83$$

Observe que os juros só são pagos sobre os saldos negativos, razão pela qual só consideramos os 6 dias em que o saldo foi de 12.400,00 reais negativos e os 6 dias em que o saldo foi de 9.204,00 reais negativos.

2.6 Saldo médio

Uma instituição financeira costuma analisar o saldo médio (Sm) de um correntista para conceder um empréstimo ou para alterar o limite do cheque especial. Precisamos, então, aprender a calcular esse saldo médio.

Para esse cálculo, levamos em consideração o saldo do correntista dia a dia, lembrando que em alguns momentos ele poderá ser negativo e, em outros, positivo.

Considerando diversos capitais (C_1, C_2, C_3, C_4, C_5, ... , C_n) referentes aos diversos prazos (n_1, n_2, n_3, n_4, n_5, ... , n_n), utilizamos a seguinte fórmula:

$$Sm = \frac{C_1 \cdot n_1 + C_2 \cdot n_2 + C_3 \cdot n_3 + C_4 \cdot n_4 + C_5 \cdot n_5 + \ldots + C_n \cdot n_n}{n_1 + n_2 + n_3 + n_4 + n_5 + \ldots + n_n}$$

Essa é, na verdade, a fórmula da média aritmética ponderada.

Vamos analisar um exemplo.

Exemplo 2.12

Considere que, durante determinado mês, um correntista apresentou o saldo diário conforme ilustrado no Quadro 2.3.

Quadro 2.3 – Saldo diário de um correntista em um mês de 31 dias

Saldo	Número de dias
+ 18.202,00	3
+ 4.144,00	4
– 3.944,00	5
+ 12.303,00	8
– 6.678,00	5
+ 2.308,00	6

Vamos calcular o saldo médio desse correntista, observando que se trata de um mês com 31 dias.

$$Sm = \frac{18.202,00 \cdot 3 + 4.144,00 \cdot 4 - 3.944,00 \cdot 5 + 12.303,00 \cdot 8 - 6.678,00 \cdot 5 + 2.308,00 \cdot 6}{3+4+5+8+5+6}$$

$$Sm = \frac{130.344,00}{31}$$

$$Sm = 4.204,65$$

Nesse exemplo, o saldo médio do correntista foi positivo e no valor de R$ 4.204,65. A seguir, apresentamos algumas considerações importantes.

Quando falamos em *capital*, estamos nos referindo a qualquer moeda. Ao tratarmos de *reais*, devemos lembrar que se trabalha com centavos, ou seja, com duas casas após a vírgula.

Para a taxa de juros, é importante tentar trabalhar com pelo menos cinco casas após a vírgula, pois um arredondamento na taxa poderá causar grande prejuízo para qualquer uma das partes envolvidas.

O arredondamento para, por exemplo, duas casas após a vírgula deve seguir a regra utilizada na matemática: caso o algarismo a ser eliminado esteja no intervalo de 0 a 4, apenas se ignora o algarismo; caso o algarismo a ser eliminado esteja no intervalo de 5 a 9, ao eliminá-lo, soma-se uma unidade ao último algarismo imediatamente anterior.

Por exemplo, o resultado do saldo médio do exemplo anterior foi o resultado da divisão de 130.344 por 31. Esse resultado foi de 4.204,64516. Como se trata de reais, a resposta deve ser dada com apenas duas casas após a vírgula (centavos).

É necessário, então, eliminar os algarismos 516 do valor 4.204,64516. Como o primeiro algarismo a ser eliminado está no intervalo de 5 a 9, somamos uma unidade ao algarismo anterior ao 5 e obtivemos 4.204,65.

2.7 Valor atual e valor nominal

Imagine que uma pessoa fez um empréstimo de um capital C por um prazo n, considerando uma taxa de juros i. Ao final do prazo n, a pessoa deve o valor calculado no dia em que a operação foi realizada. Esse valor é denominado *valor nominal*. Trata-se do valor que está expresso no documento assinado pela pessoa, quando ela realizou o empréstimo, já com os juros incluídos.

Suponha, agora, que essa pessoa resolveu antecipar o pagamento do empréstimo. Portanto, o empréstimo será pago antes do final do prazo n contratado e o valor a ser pago será menor do que o valor nominal, pois o pagamento foi antecipado. Nesse caso, a pessoa merece receber um desconto.

O valor a ser pago, quando o pagamento for antecipado, é denominado *valor atual*, ou seja, o valor obtido a qualquer momento dentro do prazo n e antes do prazo final do compromisso.

Caso o empréstimo tenha sido realizado a juros simples, o desconto que a pessoa vai receber é denominado *desconto simples*.

2.8 Descontos simples

Quando uma pessoa ou uma empresa quita uma dívida antes do prazo contratado, é normal que mereça receber um desconto sobre o valor da dívida no dia do vencimento (o denominado *valor nominal*).

O valor nominal é aquele expresso no título de crédito assinado pelo devedor e entregue ao credor e que vencerá em uma data futura. Todo título de crédito tem uma data de vencimento, porém pode ser antecipadamente resgatado.

Quando a dívida foi contraída a uma taxa de juros simples, o desconto recebido é denominado *desconto simples* e pode ser calculado por duas modalidades diferentes:

1. aplicando-se uma taxa de desconto sobre o valor nominal do título de crédito – modalidade denominada *desconto comercial* (Dc) ou *desconto por fora*;
2. aplicando-se uma taxa de desconto sobre o valor atual do título de crédito – modalidade denominada *desconto racional* (Dr) ou *desconto por dentro*.

Resumidamente, um desconto existe quando se conhece o valor nominal de um título e, a partir de uma taxa de desconto, podemos calcular o valor atual desse título. O valor atual é também denominado por alguns autores de *valor presente*.

É importante ter em mente que, quanto mais tempo falta para vencer uma dívida, maior é o desconto concedido ao se antecipar a quitação dessa dívida.

2.8.1 Desconto comercial

O desconto comercial, que representaremos por **Dc**, é a modalidade utilizada pelos bancos para o cálculo da remuneração de capital. Para a determinação do Dc, aplicamos a taxa de desconto sobre o valor nominal do título de crédito, ou seja, sobre o montante da dívida no dia de seu vencimento. Assim, o Dc é calculado pela seguinte fórmula:

$$Dc = M \cdot i \cdot n$$

Nessa fórmula, **n** é o tempo que falta para vencer a dívida.

Quando deduzimos o valor do desconto comercial (Dc) do montante (M), temos o valor atual, que representaremos por **Vc**. Então:

$$Vc = M - Dc$$

Logo:

$$Vc = M - M \cdot i \cdot n$$
$$Vc = M \cdot (1 - i \cdot n)$$

O desconto comercial é também conhecido como *desconto por fora*, pois ele é calculado sobre o valor nominal que vence no dia que consta no contrato. Após esse dia, o título estará fora do prazo contratado.

Vamos analisar um exemplo.

Exemplo 2.13

Considere que uma empresa emitiu uma duplicata de R$ 48.500,00 com vencimento em 8 de julho e, no dia 15 de março do mesmo ano, a descontou em um banco que utiliza uma taxa de desconto bancário no valor de 1,8% ao mês. Vamos determinar o valor do desconto comercial simples em decorrência da antecipação da quitação da duplicata.

Observe que o desconto bancário segue os critérios dos juros pela regra do banqueiro. Temos, então:

$$Dc = M \cdot i \cdot n$$
$$M = 48.500,00$$
$$i = 1,8\% \text{ a.m.} = 0,018 \text{ a.m.}$$
$$n = (16 + 30 + 31 + 30 + 8) = 115 \text{ d.} = \frac{115}{30} \text{ m.} \text{ (Este é o número de dias antes do vencimento)}$$
$$Dc = 48.500,00 \cdot 0,018 \cdot \frac{115}{30}$$
$$Dc = 3.346,50$$

Para a resolução desse exemplo pela calculadora HP-12C, devemos fornecer o valor do título de crédito (no caso, uma duplicata) no registrador PV da calculadora. É importante lembrar que se trata de capitalização simples e, nesse caso, para a utilização da HP-12C, temos de fornecer a taxa ao ano e o prazo em dias.

Assim, temos:

f	REG		
f	2		
48500	CHS	PV	
1.8	ENTER		
12	x	i	(Multiplicamos por 12 para transformar a taxa ao mês em taxa ao ano)
115	n		
f	INT		(No visor, temos o valor 3.346,50)

2.8.2 Desconto racional

O desconto racional, que representaremos por **Dr**, é a modalidade de desconto simples utilizada para o cálculo sobre o valor atual do título de crédito, que representaremos por Vr.

Tal como ocorre no desconto comercial, para o cálculo do Dr, consideramos o prazo **n** como o tempo que falta para vencer a dívida, com uma taxa de desconto prefixada.

Assim, utilizamos a seguinte fórmula:

$$Dr = Vr \cdot i \cdot n$$

Quando do montante (M) deduzimos o valor do desconto racional (Dr), temos o valor atual (Vr). Assim:

$$Vr = M - Dr$$

Logo:

$$Vr = M - Vr \cdot i \cdot n$$
$$Vr + Vr \cdot i \cdot n = M$$
$$Vr(1 + i \cdot n) = M$$

ou

$$Vr = \frac{M}{(1 + i \cdot n)}$$

Conforme Castanheira e Serenato (2014, p. 40), "O desconto racional é normalmente utilizado em operações de mercado, mas é usado como método para determinar o preço em transações com ativos financeiros ou em recompra de títulos de crédito".

O desconto racional é também conhecido como *desconto por dentro*, pois ele é calculado sobre o valor atual do título, ou seja, o título ainda está dentro do prazo contratado.

Vamos analisar um exemplo.

Exemplo 2.14

Considere que uma empresa emitiu uma duplicata de R$ 48.500,00 com vencimento em 8 de julho e, no dia 15 de março do mesmo ano, a descontou em um banco que utiliza uma taxa de desconto bancário no valor de 1,8% ao mês. Vamos determinar o valor do desconto racional simples em decorrência da antecipação da quitação da duplicata.

Temos, então:

$$Vr = \frac{M}{(1 + i \cdot n)}$$

$M = 48.500,00$

$i = 1,8\%$ a.m. $= 21,6\%$ a.a.

$n = (16 + 30 + 31 + 30 + 8) = 115$ d. $= \frac{115}{360}$ a.

$$Vr = \frac{48.500,00}{\left(1 + 0,216 \cdot \frac{115}{360}\right)}$$

$$Vr = \frac{48.500,00}{1 + 0,069}$$

$Vr = 45.369,50$

$Dr = Vr \cdot i \cdot n$

$Dr = 45.369,50 \cdot 0,216 \cdot \frac{115}{360}$

$Dr = 3.130,50$

Ou então:

$Dr = M - Vr$

$Dr = 48.500,00 - 45.369,50$

$Dr = 3.130,50$

Observe que, em capitalização simples, a calculadora financeira HP-12C só realiza o desconto comercial.

2.8.3 Relação entre os descontos comercial e racional

Se compararmos os Exemplos 2.13 e 2.14, veremos que o desconto comercial é maior que o desconto racional (Dc > Dr). Logo, o valor do resgate é menor no desconto comercial quando comparado ao do desconto racional (Vc < Vr).

Mas qual é a equação que representa essa relação entre o Dc e o Dr?
Vejamos:

$$Dc = M \cdot i \cdot n$$
$$Dr = Vr \cdot i \cdot n$$
$$Dc - Dr = M \cdot i \cdot n - Vr \cdot i \cdot n$$
$$Dc - Dr = i \cdot n \cdot (M - Vr)$$

Mas:

$$Dr = M - Vr$$

Então:

$$Dc - Dr = i \cdot n \cdot Dr$$
$$Dc = Dr + Dr \cdot i \cdot n$$
$$Dc = Dr \cdot (1 + i \cdot n)$$

2.9 Equivalência de títulos

É comum uma pessoa física ou uma entidade jurídica precisar postergar um pagamento em virtude da falta de recursos financeiros. Nesse caso, o ideal é que o credor seja contatado antes da data de vencimento de um título e lhe seja solicitada a substituição de um ou mais títulos por outro(s).

Às vezes, também é necessário saber se duas formas diferentes de pagamento são equivalentes. Quando é preciso efetuar essa substituição de um título por outro, é importante saber se esses títulos são equivalentes, sendo que dois ou mais títulos só se equivalem a uma mesma taxa de juros, ou seja, se o valor da taxa de juros for alterado, a equivalência desaparecerá.

Mas não é apenas para solicitar uma postergação que é necessário conhecer se dois ou mais títulos são equivalentes. Isso também pode ocorrer quando se deseja antecipar o pagamento de títulos.

Como se faz essa substituição? O primeiro passo consiste em estabelecer uma data de referência, denominada *data focal*. O segundo passo consiste em verificar se nessa data focal os dois títulos são iguais.

Quando estudamos o desconto comercial simples, verificamos que:

$$Vc = M \cdot (1 - i \cdot n)$$

Nessa fórmula:

- Vc = valor atual do título
- M = valor nominal do título (montante no dia do vencimento)

- i = taxa de desconto
- n = tempo que falta para o vencimento de um título (uma dívida)

Suponha, então, que se deseja substituir o título cujo valor é M por outro, cujo valor é M_1. O título M tinha o prazo de vencimento igual a n. O título M_1 terá como prazo de vencimento a data n_1. Como, por definição, os valores dos títulos descontados numa mesma data focal são iguais, temos que $Vc = M_1 \cdot (1 - i \cdot n_1)$.

Dessa forma, $M \cdot (1 - i \cdot n) = M_1 \cdot (1 - i \cdot n_1)$, pois ambos valem Vc.

Logo, o valor do novo título será:

$$M_1 = \frac{M \cdot (1 - i \cdot n)}{(1 - i \cdot n_1)}$$

Vamos analisar um exemplo.

Exemplo 2.15

Considere que um título cujo valor nominal é de R$ 24.332,00 vencerá daqui a 3 meses e deverá ser substituído por outro equivalente com vencimento daqui a 8 meses. Qual será o valor do novo título? Vamos admitir que esses títulos podem ser descontados a uma taxa de juros simples igual a 1,2% ao mês.

Portanto, temos:

$M = 24.332,00$

$n = 3$ m

$i = 1,2\%$ a.m.

$M_1 = ?$

$n_1 = 8$ m

$$M_1 = \frac{M \cdot (1 - i \cdot n)}{(1 - i \cdot n_1)}$$

$$M_1 = \frac{24.332,00 \cdot (1 - 0,012 \cdot 3)}{(1 - 0,012 \cdot 8)}$$

$$M_1 = \frac{23.456,048}{0,904}$$

$M_1 = 25.946,96$

Esse será o valor do novo título (M_1). Observe que ele é maior que o valor original (M), pois será pago 5 meses após a data prevista.

Síntese

Neste capítulo, vimos que capitalizar nada mais é do que somar juros ao capital que os produziu. Quando se trata de juros simples, a capitalização é denominada *simples*.

E quando o juro é simples? Ele é simples quando a taxa de juros é aplicada sempre sobre o capital inicial. Com isso, uma dívida contraída a juros simples cresce linearmente ao longo do tempo.

Há diferentes formas de calcular os juros simples:

- juros exatos, quando se considera o ano civil (365 dias);
- juros ordinários, quando se considera o ano comercial (360 dias);
- juros pela regra do banqueiro, quando se considera o número exato de dias (como se o ano fosse civil), mas sua transformação para ano se comporta como se o ano fosse comercial.

Quando uma pessoa ou uma empresa quita uma dívida antes de seu vencimento, ela merece desconto. Caso a dívida tenha sido contraída a juros simples, o desconto concedido será igualmente simples. Mas há duas formas de calcular esse desconto simples:

a) aplicando-se a taxa de desconto sobre o valor nominal do título – desconto denominado *comercial*;

b) aplicando-se a taxa de desconto sobre o valor atual do título, ou seja, no momento em que a dívida será quitada – desconto denominado *racional*.

Finalmente, verificamos que o devedor de um título de crédito pode substituí-lo por outro cuja data de vencimento é anterior ou posterior à data prevista. Nesse caso, para que uma das partes não saia perdendo, o velho título e o novo título devem ser equivalentes.

Para a verificação dessa equivalência, adota-se uma data de referência e verifica-se quanto valem os dois títulos nessa data. Utilizando-se uma mesma taxa, eles serão equivalentes se nessa data de referência tiverem o mesmo valor atual.

Questões para revisão

1) Um capital de R$ 22.890,00 foi aplicado a uma taxa de juros simples de 24% ao ano, durante os meses de julho e agosto. Determine os juros simples dessa aplicação e o montante, considerando:

   I. juros ordinários;
   II. juros exatos;
   III. juros pela regra do banqueiro.

Agora, assinale a alternativa que apresenta os resultados corretos para os três tipos de juros:

a. I. R$ 915,60
   II. R$ 933,16
   III. R$ 946,12
b. I. R$ 254,33
   II. R$ 161,32
   III. R$ 266,67
c. I. R$ 76,30
   II. R$ 77,76
   III. R$ 78,02
d. I. R$ 451,23
   II. R$ 457,09
   III. R$ 462,27

2) Um fazendeiro possuía um estoque de 5 mil sacas de soja e, na expectativa de alta de preço do produto, recusou a oferta de compra desse estoque a R$ 115,00 por saca. Três meses mais tarde, vendeu o estoque a R$ 122,00 por saca. Sabendo que a taxa de juros simples de mercado é de 3% ao mês, verifique se o fazendeiro teve prejuízo. Justifique.

3) A respeito do regime de capitalização com juros simples, assinale a alternativa correta:

a. Enquanto no regime de capitalização simples os juros crescem exponencialmente, no regime de capitalização composta os juros crescem linearmente.
b. Em capitalização simples, o juro ordinário é sempre maior do que o juro exato.
c. Juro simples é aquele cuja taxa de juros é aplicada **sempre** sobre o capital inicial, ou seja, sempre sobre o que chamamos de *valor presente*.
d. Juro simples é aquele cuja taxa de juros é aplicada **sempre** sobre o capital inicial, ou seja, sempre sobre o que chamamos de *valor nominal*.

4) Qual foi a taxa mensal de juros simples utilizada, sabendo que a aplicação de um capital de R$ 100.000,00 durante um ano resultou num montante de R$ 114.400,00?

a. 0,012% a.m.
b. 0,12% a.m.
c. 1,2% a.m.
d. 12% a.m.

5) Em determinado dia, uma empresa tinha um título de R$ 28.000,00 para vencer em 7 meses e outro título de R$ 49.000,00 para vencer em um ano. Essa empresa procurou o credor e propôs a troca dos dois títulos por um título único com vencimento em 15 meses, sendo-lhe proposto um título de R$ 90.000,00. Supondo que a taxa utilizada nessa operação foi de 1,8% ao mês, com capitalização simples, essa troca é vantajosa para a empresa? Justifique.

Questões para reflexão

1) Uma empresa, necessitando de capital de giro, poderá recorrer ao mercado financeiro e realizar um empréstimo. Ela pretende emprestar 200 mil reais e devolver esse capital somado aos juros em um pagamento único daqui a 8 meses, com capitalização mensal. Nesse caso, é indiferente que a taxa de juros seja simples ou composta? Explique.

2) Um indivíduo pretende adquirir uma máquina, dando 20% de seu valor como entrada e financiando o restante em dez pagamentos mensais e iguais, em um estabelecimento que utiliza taxa de juros simples. Caso o comprador resolva pagar o valor a ser financiado em apenas 5 parcelas mensais e iguais, o valor total da máquina será menor do que o valor pago no financiamento em 10 meses? Justifique.

Conteúdos do capítulo
- Juro composto.
- Capitalização composta.
- Equivalência de taxas.
- Período fracionário.
- Desconto composto.
- Taxa nominal e taxa efetiva.
- Taxa real e taxa aparente.
- Equivalência de capitais.

Após o estudo deste capítulo, você será capaz de:
1. conceituar *juro composto* e *capitalização composta*;
2. realizar operações com capital, montante, juros, taxa de juros e prazo em capitalização composta;
3. conceituar e calcular taxas equivalentes em capitalização composta;
4. calcular descontos em operações realizadas com juro composto.

3
Capitalização composta

Até este ponto, só vimos como realizar operações com a utilização do juro simples. É importante lembrar que juro simples é aquele que é calculado aplicando-se uma taxa de juros **sempre** sobre o capital inicial da operação.

Agora, estudaremos o juro composto. E o que diferencia o juro composto do juro simples?

Quando utilizamos o juro composto, estamos diante da denominada *capitalização composta*. Nesse caso, os juros produzidos num período serão acrescidos ao valor do capital que os produziu, passando os dois, capital e juros, a produzir os juros do período seguinte. Por essa razão, o juro composto é popularmente referenciado como *juros sobre juros*.

Em países em que a inflação não é baixa, recomenda-se a utilização do juro composto, pois o juro simples, ao longo do tempo, causa sérias distorções nos resultados das operações financeiras, mesmo no curto prazo. Porém, mesmo nesse caso, o juro simples é utilizado em diversas situações, como veremos adiante.

Enquanto o juro simples apresenta um crescimento linear ao longo do tempo, o juro composto tem um crescimento exponencial, pois, a cada período de capitalização, os juros incidem sobre o montante do período anterior, o qual já tem juros embutidos.

Veja a comparação entre o comportamento dos juros simples e o dos juros compostos ao longo do tempo na figura a seguir.

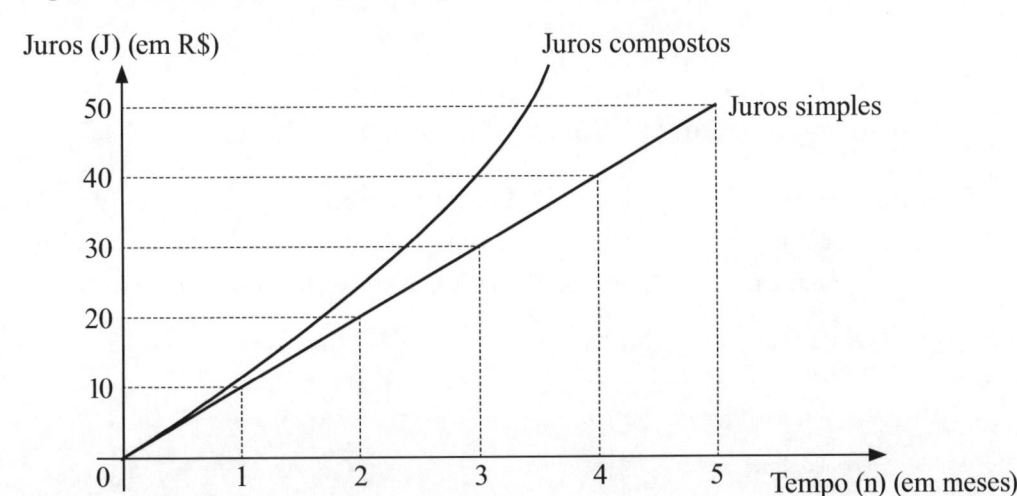

Figura 3.1 – Crescimento dos juros simples e dos juros compostos ao longo do tempo

3.1 Juros compostos

Já vimos que o montante ao final de um prazo n é igual ao capital somado aos juros desse prazo. Ou seja:

$$M = C + J$$

Vimos também, em capitalização simples, que o montante ao final de um prazo é calculado pela fórmula $M = C \cdot (1 + i)$, pois n = 1.

Assim, podemos calcular o montante ao final de um prazo longo, com vários momentos de capitalização, considerando um período de cada vez, ou seja, fazendo sempre n = 1.

Vamos analisar alguns exemplos.

Exemplo 3.1

Suponha que um capital de R$ 50.000,00 foi aplicado a uma taxa de juros compostos igual a 1,4% ao mês, durante 4 meses.

Vamos determinar o montante ao final desse prazo, supondo que a capitalização é mensal. Assim, ao final do primeiro mês, teremos:

$$M_1 = C \cdot (1 + i) = 50.000,00 \cdot (1 + 0,014) = 50.700,00$$

Ao final do segundo mês, teremos:

$$M_2 = M_1 \cdot (1 + i) = C \cdot (1 + i) \cdot (1 + i)$$
$$M_2 = 50.000,00 \cdot (1 + 0,014) \cdot (1 + 0,014) = 51.409,80$$

Observe que, para o cálculo do montante no segundo mês, se utilizou o valor do montante do final do primeiro mês, no qual já havia juros embutidos.

Ao final do terceiro mês, teremos:

$$M_3 = M_2 \cdot (1 + i) = C \cdot (1 + i) \cdot (1 + i) \cdot (1 + i)$$
$$M_3 = 50.000,00 \cdot (1 + 0,014) \cdot (1 + 0,014) \cdot (1 + 0,014) = 52.129,54$$

Ao final do quarto mês, teremos:

$$M_4 = M_3 \cdot (1 + i) = C \cdot (1 + i) \cdot (1 + i) \cdot (1 + i) \cdot (1 + i)$$
$$M_4 = 50.000,00 \cdot (1 + 0,014) \cdot (1 + 0,014) \cdot (1 + 0,014) \cdot (1 + 0,014) = 52.859,35$$

Verifique que o fator $(1 + i)$ varia de acordo com o número de vezes que se calculam os juros, ou seja, conforme o número de períodos de capitalização. Portanto, se tivermos n períodos de capitalização, a fórmula geral da capitalização composta será:

$$M = C \cdot (1 + i)^n$$

Resolvendo o exemplo anterior por essa fórmula, temos:

$M = 50.000,00 \cdot (1 + 0,014)^4$
$M = 50.000,00 \cdot 1,057187$
$M = 52.859,35$

O cálculo desse montante pode, ainda, ser efetuado pela calculadora financeira HP-12C. Na capitalização composta, é possível realizar uma infinidade de cálculos na HP-12C, devendo-se lembrar que:

- o prazo (n) e a taxa de juros (i) devem ser fornecidos, sempre, relacionados a uma mesma base de tempo (homogeneidade nos tempos);
- o capital é fornecido no registrador PV da calculadora;
- o montante é fornecido no registrador FV da calculadora;
- o primeiro valor financeiro fornecido na HP-12C, num problema qualquer, deve ter o sinal invertido, para a máquina saber que se trata de um fluxo de caixa.

No Exemplo 3.1, temos a seguinte sequência de operações para sua solução na HP-12C:

f	REG		(Limpa todas as memórias financeiras)
f	2		(Solicita a resposta com duas casas após a vírgula)
50000	CHS	PV	(Capital = 50.000,00 com sinal invertido)
1.4	i		(Taxa de juros = 1,4%)
4	n		(Prazo = 4)
FV			(No visor, temos montante = 52.859,35)

Ao fornecer o valor da taxa de juros, mentalize que o valor de 1,4% é ao mês. Logo, o valor do prazo a ser fornecido no registrador *n* deve ser em meses.

Temos, então, as seguintes fórmulas:

$M = C + J$
$M = C \cdot (1 + i)^n$

Substituindo, na segunda fórmula, M por C + J, temos:

$C + J = C \cdot (1 + i)^n$
$J = C \cdot (1 + i)^n - C$
$J = C \cdot [(1 + i)^n - 1]$

Essa é a fórmula geral do juro composto.

Exemplo 3.2

Uma empresa investiu R$ 250.000,00 em um fundo de aplicação que rende 1,8% ao mês, antes do Imposto de Renda. Qual será o montante dessa aplicação em dois anos, supondo-se capitalização composta?

$C = 250.000,00$
$i = 1,8\%$ a.m. $= 0,018$ a.m.
$n = 2$ a. $= 24$ m.
$M = ?$
$M = C \cdot (1 + i)^n$
$M = 250.000,00 \cdot (1 + 0,018)^{24}$
$M = 250.000,00 \cdot 1,534428555346759$
$M = 383.607,14$

Observe que, como a capitalização é mensal, tanto a taxa deve ser fornecida ao mês quanto o prazo deve ser transformado para meses.

Na calculadora HP-12C, pressionamos a seguinte sequência de teclas:

f	REG	
f	2	
250000	CHS	PV
1.8	i	
24	n	
FV	(No visor, temos o valor do montante = 383.607,14)	

Exemplo 3.3

Qual foi o juro pago por uma aplicação de R$ 48.000,00 a uma taxa de juro composto de 1,25% ao mês, com capitalização mensal, durante 10 meses?

$J = C \cdot [(1 + i)^n - 1]$
$J = 48.000,00 \cdot [(1 + 0,0125)^{10} - 1]$
$J = 48.000,00 \cdot [1,132270829664257 - 1]$
$J = 6.349,00$

Na calculadora HP-12C, pressionamos a seguinte sequência de teclas:

f	REG	
f	2	
48000	CHS	PV
1.25	i	

10	n
FV	(Montante = 54.349,00)
RCL PV	(Chamamos o capital que foi fornecido com sinal negativo)
+	(No visor, temos o valor dos juros = 6.349,00)

Exemplo 3.4

Qual é o valor do capital que foi aplicado a uma taxa de juros compostos de 0,99% ao mês e que, ao final de um ano, gerou um montante de R$ 90.038,96? Suponha capitalização mensal.

Vamos calcular do seguinte modo:

$M = C \cdot (1 + i)^n$

$90.038,96 = C \cdot (1 + 0,0099)^{12}$

$90.038,96 = C \cdot 1,125486956926$

$C = \dfrac{90.038,96}{1,125486956926}$

$C = 80.000,00$

Na calculadora HP-12C, pressionamos a seguinte sequência de teclas:

f	REG	
f	2	
90038.96	CHS	FV
.99	i	
12	n	
PV	(Capital = 80.000,00)	

Exemplo 3.5

Suponha que uma aplicação de R$ 1 milhão a uma taxa de juro composto, durante 8 meses, tenha resultado num montante de R$ 1.091.463,57. Qual foi a taxa de juro composto utilizada, supondo-se que a capitalização foi mensal?

$M = C \cdot (1 + i)^n$

$1.091.463,57 = 1.000.000,00 \cdot (1 + i)^8$

$\dfrac{1.091.463,57}{1.000.000,00} = (1 + i)^8$

$1,09146357 = (1 + i)^8$

Extraindo a raiz índice 8 dos dois lados da igualdade, temos:

$$\sqrt[8]{1,09146357} = \sqrt[8]{(1+i)^8}$$

$1,011 = (1 + i)$

$i = 1,011 - 1$

$i = 0,011$ a.m.

$i = 1,1\%$ a.m.

Na calculadora HP-12C, pressionamos a seguinte sequência de teclas:

f	REG
f	2
1000000.00	CHS PV
1091463.57	FV
8	n
i	(No visor, temos taxa = 1,1% a.m.)

Exemplo 3.6

Durante quanto tempo o capital de R$ 234.888,00 esteve aplicado a uma taxa de juro composto de 1% ao mês, com capitalização mensal, sabendo-se que, ao final desse tempo, foi obtido um montante de R$ 272.697,68?

Vamos calcular do seguinte modo:

$M = C \cdot (1 + i)^n$

$272.697,68 = 234.888,00 \cdot (1 + 0,01)^n$

$$\frac{272.697,68}{234.888,00} = (1,01)^n$$

$1,160968972446443 = (1,01)^n$

$LN (1,160968972446443) = LN (1,01)^n$

$LN (1,160968972446443) = n \cdot LN (1.01)$

$$n = \frac{LN(1,160968972446443)}{LN(1.01)}$$

$$n = \frac{0,1492549775}{0,009950331}$$

$n = 15$ meses

Por que o resultado em meses? Porque a taxa foi fornecida ao mês.

Na calculadora HP-12C, pressionamos a seguinte sequência de teclas:

f	REG
f	2
234888,00	CHS PV
272697,68	FV
1	i
n	(No visor, temos prazo = 15 meses)

3.2 Período fracionário

Ao indicarmos que uma taxa de juro é igual a 2,4% ao mês, estamos nos referindo a um mês inteiro. Mas essa mesma taxa é usada para uma fração do mês. Por exemplo, se houver uma aplicação durante 3 meses e 20 dias a uma taxa de juro composto de 2,4% ao mês, será necessário considerar o período total como sendo formado por uma parte inteira (2 meses) e uma parte fracionária (20 dias).

No período inteiro, aplica-se, sempre, juro composto. Na parte fracionária, entretanto, é possível aplicar tanto o juro simples quanto o juro composto.

Segundo Castanheira e Serenato (2014, p. 54), "Para o cálculo dos juros, separamos a parte inteira da parte fracionária. Para a parte inteira (n), fazemos o cálculo normalmente. Para a parte fracionária (n_1), podemos adotar duas convenções: a linear ou a exponencial".

3.2.1 Convenção linear

A convenção linear é também conhecida como *convenção mista*, porque aplica juros compostos (formação exponencial) na parte inteira do tempo (períodos inteiros) e juros simples (formação linear) na parte fracionária do tempo (período fracionário).

Nessa convenção linear, ao utilizar a calculadora financeira HP-12C, é importante que você se certifique de que o indicador "c" esteja desligado (não está visível no visor da máquina). Caso o indicador "c" esteja visível, pressione a tecla STO e, a seguir, pressione a tecla EEX. Com isso, ele se apagará.

Exemplo 3.7

Considere um capital de R$ 456.444,00 aplicado a uma taxa de juros compostos igual a 1,5% ao mês, por um período de 8 meses e 21 dias, com capitalização mensal. Qual será o montante obtido, utilizando-se a convenção linear?

Vamos calcular do seguinte modo:

M = ?
C = 456.444,00

$i = 1{,}5\%$ a.m. $= 0{,}015$ a.m.

$n = 8$ m.

$n_1 = 21$ d. $= \dfrac{21}{30}$ m.

Como a capitalização é mensal, a taxa deve ser fornecida ao mês e o tempo igualmente em meses. Logo, o período fracionário será igual a $\dfrac{21}{30}$ m.

Como vamos realizar o cálculo separando os períodos em uma parte inteira e uma parte fracionária, temos que:

$$M = C \cdot \underbrace{(1 + i)^n}_{\text{Juros compostos na parte inteira}} \cdot \underbrace{(1 + i \cdot n_1)}_{\text{Juros compostos na parte fracionária}}$$

$M = 456.444{,}00 \cdot (1 + 0{,}015)^8 \cdot \left(1 + 0{,}015 \cdot \dfrac{21}{30}\right)$

$M = 456.444{,}00 \cdot 1{,}126492586595307 \cdot 1{,}0105$

$M = 519.579{,}68$

Na calculadora HP-12C, pressionamos a seguinte sequência de teclas:

f	REG		
f	2		
456444	CHS	PV	
1.5	i		
261	ENTER	30	: n
FV	(No visor, temos 519.579,68)		

Observe que o tempo total é de 8 meses mais $\dfrac{21}{30}$ meses. Portanto:

$8 + \dfrac{21}{30} = \dfrac{261}{30}$ meses

3.2.2 Convenção exponencial

Quando é adotada a convenção exponencial, aplicam-se juros compostos o tempo todo, ou seja, juros compostos tanto na parte inteira quanto na parte fracionária do período. Nesse caso, ao utilizar a calculadora financeira HP-12C, é necessário que você mantenha o indicador "c" ligado (aparecendo no visor da máquina). Caso o indicador "c" não esteja visível, pressione a tecla STO e, em seguida, pressione a tecla EEX. Para apagar o indicador "c", a sequência de teclas é a mesma.

Exemplo 3.8

Considere um capital de R$ 456.444,00 aplicado a uma taxa de juros compostos igual a 1,5% ao mês, por um período de 8 meses e 21 dias, com capitalização mensal. Qual será o montante obtido, utilizando-se a convenção exponencial?

Vamos calcular do seguinte modo:

M = ?
C = 456.444,00
i = 1,5% a.m. = 0,015 a.m.
n = 8 m.
n_1 = 21 d. = $\frac{21}{30}$ m.

Como a capitalização é mensal, a taxa deve ser fornecida ao mês e o tempo igualmente em meses. Logo, o período fracionário será igual a $\frac{21}{30}$ m.

Ou seja, o tempo total é de $8 + \frac{21}{30} = \frac{261}{30}$ meses.

Como vamos realizar o cálculo aplicando juros compostos tanto na parte inteira quanto na parte fracionária, temos que:

$$M = C \cdot \underbrace{(1 + i)^n}_{\text{Juros compostos na parte inteira}} \cdot \underbrace{(1 + i)^{n_1}}_{\text{Juros compostos na parte fracionária}} = M = C \cdot (1 + i)^{n+n_1}$$

M = 456.444,00 · (1 + 0,015)^8 · (1 + 0,015)$^{21/30}$
M = 456.444,00 · 1,126492586595307 · 1,010476527250996
M = 519.567,61

Na calculadora HP-12C, pressionamos a seguinte sequência de teclas:

f	REG	
f	2	
STO	EEX	(Indicador "c" deverá estar visível no visor)
456444	CHS	PV
1.5	i	
261	ENTER	30 : n
FV		(No visor, temos 519.567,61)

Observe que os dois últimos exemplos (3.7 e 3.8) têm os mesmos valores financeiros. A única diferença é que calculamos o montante primeiro com a convenção linear e, depois, com a convenção exponencial.

Verifique que a aplicação de juros simples na parte fracionária do tempo aumenta o valor do montante. Essa é uma das razões pelas quais os juros simples são bastante utilizados no dia a dia.

É importante lembrar, por exemplo, que, quando alguém paga uma dívida com atraso, costumeiramente há um período fracionário no tempo de atraso. Com isso, o valor a ser pago é maior quando se aplicam juros simples nessa parte fracionária do tempo. Portanto, na prática, deve-se manter desligado o indicador "c" na calculadora HP-12C.

3.3 Taxas equivalentes

Vimos, na capitalização simples, que, para a determinação de uma taxa de juros equivalente, ao se conhecer uma taxa, a taxa equivalente é obtida de forma muito simples: basta aplicar uma regra de três simples.

Na capitalização composta, isso não é tão fácil. Há a necessidade de utilização de uma fórmula. Conforme Castanheira e Macedo (2020, p. 77), "Duas ou mais taxas são equivalentes se, ao mantermos constantes o capital e o prazo de aplicação do capital, o montante resultante da aplicação for o mesmo, quaisquer que sejam os períodos de capitalização".

Podemos afirmar ainda que duas taxas de juros compostos são equivalentes se, ao considerarmos períodos de aplicação diferentes, a aplicação de um mesmo capital durante um tempo comum produzir montantes iguais.

Para a determinação de uma taxa equivalente a outra, em capitalização composta, utilizamos a seguinte fórmula:

$$i_q = (1 + i_t)^{q/t} - 1$$

Nessa fórmula:

- i_q = taxa que eu quero
- i_t = taxa que eu tenho
- q = tempo (período) da taxa que eu quero
- t = tempo (período) da taxa que eu tenho

Vamos analisar alguns exemplos.

Exemplo 3.9

Vamos calcular a taxa de juros anual equivalente à taxa de juros mensal igual 1,8% ao mês, em capitalização composta, da seguinte maneira:

$i_q = ?$
$i_t = 1,8\%$ a.m.
$q = 1$ a. $= 12$ m.

t = 1 m.
$i_q = (1 + i_t)^{q/t} - 1$
$i_q = (1 + 0,018)^{12/1} - 1$
$i_q = (1,018)^{12} - 1$
$i_q = 0,23872053$ a.a.

Como a taxa de juros é normalmente fornecida em percentual, vamos transformar essa taxa. Então, temos:

$i_q = 23,872053\%$ a.a.

Para a realização desse cálculo na calculadora financeira HP-12C, é necessário saber que:

a) no visor da máquina, deve estar visível o indicador "c" (caso não esteja visível, pressione a tecla STO e, em seguida, a tecla EEX);

b) com o indicador "c" visível no visor, as operações consideram juros compostos nos períodos inteiros;

c) com o indicador "c" não visível no visor, as operações consideram juros simples no período fracionário;

d) é preciso fornecer 100 como base de cálculo no registrador PV, para ter a taxa em percentual;

e) é preciso fornecer no registrador FV o valor 100 somado à taxa conhecida;

f) no registrador "n", é preciso fornecer a divisão do tempo da taxa que eu **tenho** (a taxa conhecida) pelo tempo da taxa que eu **quero** (a taxa a calcular) – observe que é o inverso do expoente de $(1 + i_t)$, na fórmula.

Temos, então, para o Exemplo 3.9:

STO	EEX			
f	6			
100	CHS	PV		
101.8	FV			
1	ENTER	12	:	n
i	(No visor, temos 23,872053% a.a.)			

Exemplo 3.10

Vamos calcular a taxa de juros compostos mensal equivalente à taxa de 30% ao semestre. Assim:

$i_q = ?$
$i_t = 30\%$ a.s.

$q = 1$ m.
$t = 6$ m.
$i_q = (1 + i_t)^{q/t} - 1$
$i_q = (1 + 0{,}30)^{1/6} - 1$
$i_q = 1{,}04469751 - 1$
$i_q = 0{,}04469751$ a.m.

Ou ainda:

$i_q = 4{,}469751\%$ a.m.

Na calculadora HP-12C:
Verificar se "c" está ligado; se não estiver visível no visor da máquina, pressionar:

STO EEX

Depois, pressionar a seguinte sequência de teclas:

f	6
100 CHS	PV
130	FV
6	n
i	(No visor, temos 4,469751% a.m.)

3.4 Taxa nominal e taxa efetiva

Vimos que capitalizar é somar o juro ao capital que o produziu. Quando se utiliza uma taxa de juro simples, estamos diante de uma capitalização simples. Quando se utiliza uma taxa de juro composto, estamos diante de uma capitalização composta.

Quando nos dirigimos a um agente financeiro com o propósito de emprestar dinheiro, é comum ouvirmos que a taxa de juros (nesse caso, compostos) é de 36% ao ano, por exemplo. Com isso, mentalmente fazemos uma conta e concluímos que a taxa é de 3% ao mês, uma vez que dividimos 36% por 12. Porém, nesse caso, esquecemos que a capitalização deverá ser mensal, visto vez que devolveremos o capital emprestado em parcelas mensais.

E o que isso significa? Significa que, sendo juros sobre juros, a taxa ao final de um ano certamente será bem maior que os 36% informados.

Temos aqui, então, dois conceitos importantes:

1. **Taxa nominal** é aquela cujo prazo de formação e incorporação dos juros ao capital não coincide com aquele a que a taxa se refere. Por exemplo, a taxa é ao ano, mas a capitalização é ao mês.

b) Taxa efetiva é aquela cujo prazo de formação e incorporação dos juros ao capital coincide com aquele a que a taxa se refere. Por exemplo, a taxa é semestral e a capitalização é ao semestre.

Vamos detalhar mais esses conceitos de taxa nominal e de taxa efetiva analisando um exemplo.

Exemplo 3.11

Suponha um empréstimo de R$ 10.000,00 a uma taxa nominal de juros compostos de 48% ao ano, durante um ano. Vamos calcular o montante desse empréstimo considerando:

a) capitalização anual;
b) capitalização semestral;
c) capitalização trimestral;
d) capitalização mensal.

$i = 48\%$ a.a. $= 0,48$ a.a.
$i = 24\%$ a.s. $= 0,24$ a.s.
$i = 12\%$ a.t. $= 0,12$ a.t.
$i = 4\%$ a.m. $= 0,04$ a.m.

Assim, vamos calcular cada item do seguinte modo:

a) $M = C \cdot (1 + i)^n$
$M = 10.000,00 \cdot (1 + 0,48)^1$
$M = 14.800,00$

b) $M = C \cdot (1 + i)^n$
$M = 10.000,00 \cdot (1 + 0,24)^2$
$M = 15.376,00$

c) $M = C \cdot (1 + i)^n$
$M = 10.000,00 \cdot (1 + 0,12)^4$
$M = 15.735,19$

d) $M = C \cdot (1 + i)^n$
$M = 10.000,00 \cdot (1 + 0,04)^{12}$
$M = 16.010,32$

Você pode verificar com facilidade que, quanto mais vezes se aplicam juros sobre juros, maior será o montante ao final de um mesmo período. Faça a comparação!

Na calculadora HP-12C, pressionamos a seguinte sequência de teclas:

f	REG
f	2
10000.00	CHS PV
48	i
1	n
FV	(No visor, temos 14.800,00)
24	i
2	n
FV	(No visor, temos 15.376,00)
12	i
4	n
FV	(No visor, temos 15.735,19)
4	i
12	n
FV	(No visor, temos 16.010,32)

E quanto à taxa efetiva? O que precisamos comprovar? Vamos analisar o item "d" do exemplo anterior.

Temos um empréstimo de R$ 10.000,00 a uma taxa nominal de juros compostos de 48% ao ano e calculamos o montante com capitalização mensal. Encontramos um montante de R$ 16.010,32.

Então, partindo desse montante, vamos calcular qual foi a taxa efetiva ao ano (n = 1 ano). Assim:

$$M = C \cdot (1 + i)^n$$
$$16.010,32 = 10.000,00 \cdot (1 + i)^1$$
$$1 + i = \frac{16.010,32}{10.000,00}$$
$$1 + i = 1,601032$$
$$i = 0,601032 \text{ a.a.}$$

Ou ainda:

$$i = 60,1032\% \text{ a.a.}$$

Conforme havíamos mencionado, é um número bem superior à taxa nominal informada.

Na calculadora HP-12C, pressionamos a seguinte sequência de teclas:

f	REG	
f	4	
10000.00	CHS	PV
12	n	
4	i	
FV		(No visor, temos 16.010,32)
1	n	(Informamos período igual a 1 ano)
i		(No visor, temos 60,1032% a.a.)

3.5 Taxa real e taxa aparente

Você certamente já ouviu a frase "As aparências enganam". Isso se aplica na matemática financeira, quando se trata do estudo de taxa real e de taxa aparente.

Caso uma aplicação tenha rendido 1,5% num mês, isso não significa que foi um bom rendimento. Por quê? Porque pode ser que exatamente nesse mês tenha ocorrido uma inflação de 1,8%. Em outras palavras, o rendimento não cobriu a desvalorização da moeda.

O que diferencia uma taxa real de uma taxa aparente é justamente a taxa de inflação do período considerado. A **taxa aparente** é aquela que é utilizada sem levar em consideração a inflação do período, enquanto a **taxa real** é aquela que é utilizada considerando-se os efeitos da inflação no período a que a taxa se refere. Isso significa que a taxa real poderá ser negativa, caso a correção efetuada sobre o capital seja menor do que a inflação do período.

Vamos analisar qual é a relação existente entre essas duas taxas.

Primeiramente, imaginemos que num período n considerado não tenha ocorrido inflação. Nesse caso, a taxa de aplicação é a taxa aparente, que representaremos por i_a.

Assim, temos que:

$$M = C \cdot (1 + i_a)$$

Num segundo momento, vamos considerar que nesse período n tenha ocorrido uma inflação, que representaremos por **I**. Nesse caso, o capital foi acrescido não só da taxa real, que representaremos por **i**, mas também da taxa de inflação I.

Assim, temos que:

$$M = C \cdot (1 + i) \cdot (1 + I)$$

Então:

$$C \cdot (1 + i_a) = C \cdot (1 + i) \cdot (1 + I)$$
$$(1 + i_a) = (1 + i) \cdot (1 + I)$$
$$(1 + i) = \frac{(1 + i_a)}{(1 + I)}$$
$$i = \frac{(1 + i_a)}{(1 + I)} - 1$$

Vamos analisar alguns exemplos.

Exemplo 3.12

Considere que determinada classe de trabalhadores teve um aumento salarial de 8,8% referente a um ano em que a inflação foi de 6,8%. Qual foi a taxa real de aumento salarial de classe?

Vamos calcular do seguinte modo:

$i = ?$
$i_a = 8,8\%$ no período
$I = 6,8\%$ no período
$$i = \frac{(1 + i_a)}{(1 + I)} - 1$$
$$i = \frac{(1 + 0,088)}{(1 + 0,068)} - 1$$
$i = 1,0187266 - 1$
$i = 0,0187266$ no período

Ou ainda:

$i = 1,87266\%$ no período

Ou seja, enquanto a taxa aparente foi de 8,8% no período, a taxa real foi de apenas 1,87266% no período, em virtude da inflação existente.

Exemplo 3.13

Qual foi a taxa de rendimento real de uma aplicação que rendeu 2,5% num período em que a inflação foi de 3,2%?

Vamos calcular do seguinte modo:

$i = ?$
$i_a = 2,5\%$ no período
$I = 3,2\%$ no período

$$i = \frac{(1+i_a)}{(1+I)} - 1$$
$$i = \frac{(1+0,025)}{(1+0,032)} - 1$$
$$i = 0,993217 - 1$$
$$i = -0,006783$$

Ou ainda:

$i = -0,6783\%$ no período

A taxa é negativa. Logo, o aplicador teve prejuízo de 0,6783% no período.

3.6 Descontos compostos

Ao estudarmos o desconto simples, vimos que desconto é um benefício que uma pessoa ou uma instituição merece por estar antecipando o pagamento de uma dívida ou resgatando antecipadamente um título. Em capitalização composta, o desconto composto segue o mesmo princípio.

No desconto composto, também há duas modalidades diferentes. Assim, o desconto composto pode ser calculado:

1. aplicando-se uma taxa de desconto sobre o valor nominal do título de crédito – modalidade denominada *desconto comercial* (Dc), *desconto bancário* ou *desconto por fora*;

2. aplicando-se uma taxa de desconto sobre o valor atual do título de crédito – modalidade denominada *desconto racional* (Dr) ou *desconto por dentro*.

3.6.1 Desconto comercial

O desconto comercial composto, que representaremos por **Dc**, é a modalidade utilizada pelos bancos para calcular a remuneração de capital. Para a determinação do Dc, aplica-se a taxa de desconto sobre o valor nominal do título de crédito, ou seja, sobre o montante da dívida no dia de seu vencimento. O valor a ser pago, uma vez aplicado o desconto comercial, é **Vc**, que pode ser calculado pela fórmula:

$$Vc = M \cdot (1 - i)^n$$

É importante lembrar que, no cálculo dos descontos, **n** é o tempo que falta para vencer a dívida, ou seja, é o tempo sobre o qual alguém merece o desconto.

Quando do montante (M) deduzimos o valor do desconto comercial (Dc), temos o valor atual, que representaremos por **Vc**. Assim:

$$Vc = M - Dc$$

Logo:

$$M - Dc = M \cdot (1 - i)^n$$
$$Dc = M - M \cdot (1 - i)^n$$
$$Dc = M \cdot [1 - (1 - i)^n]$$

Vamos analisar um exemplo.

Exemplo 3.14

Suponha que um título no valor de R$ 84.000,00 foi descontado 9 meses antes de seu vencimento e foi utilizada uma taxa de desconto bancário composto igual a 1,2% ao mês. Por quanto foi resgatado esse título, supondo-se uma capitalização mensal?

Vamos calcular do seguinte modo:

$$Vc = M \cdot (1 - i)^n$$
$$Vc = 84.000,00 \cdot (1 - 0,012)^9$$
$$Vc = 84.000,00 \cdot 0,89704143$$
$$Vc = 75.351,48$$

Na calculadora HP-12C, pressionamos a seguinte sequência de teclas:

f	REG		
f	2		
84000.00	CHS	PV	(Fornecemos o valor nominal do título no registrador de valor presente)
1.2	CHS	i	(Fornecemos a taxa com valor negativo, por ser taxa de desconto)
9	n		
FV			(No registrador FV, teremos o valor de Vc = 75351,48, que é o valor de resgate do título)

Por que esse procedimento é necessário na HP-12C? Porque a máquina está preparada para calcular, diretamente, o desconto racional composto, uma vez que, na prática, esse desconto comercial composto raramente é utilizado.

3.6.2 Desconto racional

O desconto racional composto, que representaremos por **Dr**, é calculado sobre o valor atual do título (Vr), tal como fizemos no desconto racional simples.

É importante lembrar que o montante é o valor nominal do título. Para calcular o desconto racional, utilizamos a seguinte fórmula:

$$M = Vr \cdot (1 + i)^n$$

$$Vr = \frac{M}{(1+i)^n}$$

Quando do montante (M) deduzimos o valor do desconto racional (Dr), temos o valor atual, que representaremos por **Vr**. Assim:

$$Vr = M - Dr$$

Então:

$$\frac{M}{(1+i)^n} = M - Dr$$

$$Dr = M - \frac{M}{(1+i)^n}$$

$$Dr = M \cdot \left[1 - \frac{1}{(1+i)^n}\right]$$

Vamos analisar um exemplo.

Exemplo 3.15

Um título no valor de R$ 84.000,00 foi descontado 9 meses antes de seu vencimento e foi utilizada uma taxa de desconto racional composto igual a 1,2% ao mês. Por quanto foi resgatado esse título, supondo-se capitalização mensal?

Vamos calcular do seguinte modo:

$$Vr = \frac{M}{(1+i)^n}$$

$$Vr = \frac{84.000,00}{(1+0,012)^9}$$

$$Vr = \frac{84.000,00}{1,11333179634}$$

$$Vr = 75.449,21$$

Na calculadora HP-12C, pressionamos a seguinte sequência de teclas:

f	REG
f	2
84000.00	CHS FV
9	n
1.2	i
PV	(No visor, temos 75.449,21)

Caso queiramos ver o valor do desconto recebido, deveremos pressionar:

RCL FV	(Veremos – 84.000,00)
+	(Desconto racional com sinal negativo)
CHS	(Troca o sinal e veremos 8.550,79)

3.7 Equivalência de títulos

Ao estudarmos a equivalência de títulos em capitalização simples, vimos que é comum uma pessoa física ou uma entidade jurídica necessitar postergar um pagamento em razão da falta de recursos financeiros. Nesse caso, o ideal é que o credor seja contatado antes da data de vencimento de um título e lhe seja solicitada a substituição de um ou mais títulos por outro(s). Na capitalização composta, não é diferente, tanto na postergação do pagamento de um título quanto na antecipação de seu pagamento. Trata-se, portanto, da troca de papéis.

Assim, devemos recordar que dois ou mais títulos só se equivalem a uma mesma taxa de juros, ou seja, se alterarmos o valor da taxa de juros, a equivalência desaparecerá.

Devemos lembrar, ainda, que o primeiro passo consiste em estabelecer uma data de referência, denominada *data focal*. O segundo passo consiste em verificar se nessa data focal os dois títulos são iguais. Quando são iguais, são equivalentes.

Vimos que:

$$Vr = \frac{M}{(1+i)^n}$$

Suponhamos, agora, um conjunto de valores nominais (M) com as respectivas datas de vencimento (n). Assim, os títulos M_1, M_2, M_3, ... , M_n têm seus vencimentos, respectivamente, nas datas n_1, n_2, n_3, ... , n_n.

Todos esses títulos serão equivalentes na data focal (data zero), pelo critério de valor atual (utilizando-se o desconto racional composto), se todos os seus valores atuais forem iguais a uma mesma taxa *i*.

Ou seja:

$$Vr = \frac{M_1}{(1+i)^{n_1}} = \frac{M_2}{(1+i)^{n_2}} = \frac{M_3}{(1+i)^{n_3}} = \ldots = \frac{M_4}{(1+i)^{n_n}}$$

Vejamos alguns exemplos.

Exemplo 3.16

Verificar se os títulos M_1 = R$ 1.033,00 com data de vencimento n_1 = 3 meses é equivalente ao título M_2 = R$ 1.051,01 com data de vencimento n_2 = 6 meses, a uma taxa de juros compostos de 1% ao mês.

Na data focal zero, o título M_1 = 1.020,10 valerá:

$$Vr = \frac{M_1}{(1+i)^{n_1}}$$

$$Vr = \frac{1.020,10}{(1+0,01)^3}$$

$$Vr = 990,10$$

Na data focal zero, o título M_2 = 1.051,01 valerá:

$$Vr = \frac{M_2}{(1+i)^{n_2}}$$

$$Vr = \frac{1.051,01}{(1+0,01)^6}$$

$$Vr = 990,10$$

Como os valores atuais são iguais a uma mesma taxa de juros, os títulos M_1 e M_2 são equivalentes.

Na calculadora HP-12C, pressionamos a seguinte sequência de teclas:

f	REG
f	2
1020.10	CHS FV
3	n
1	i
PV	(No visor, temos 990,10)
f	REG

f   2
1051.01   CHS   FV
6   n
1   i
PV   (No visor, temos 990,10)

Exemplo 3.17

Considere que uma empresa deve dois títulos de R$ 47.460,00 cada um, com vencimentos em 4 meses e 10 meses, respectivamente. A empresa deseja substituir esses dois títulos por um título único com vencimento daqui a um ano. Qual será o valor desse novo título, considerando-se uma taxa de juros compostos igual a 1,8% ao mês?

O primeiro título de R$ 47.460,00 vale hoje (data zero):

$$Vr = \frac{M_1}{(1+i)^{n_1}}$$

$$Vr = \frac{47.460,00}{(1+0,018)^4}$$

$$Vr = 44.191,28$$

O segundo título de R$ 47.460,00 vale hoje (data zero):

$$Vr = \frac{M_2}{(1+i)^{n_2}}$$

$$Vr = \frac{47.460,00}{(1+0,018)^{10}}$$

$$Vr = 39.705,43$$

Os dois títulos, somados, são iguais a R$ 83.896,71.

Assim, vimos que a empresa deve, na data zero, o total de R$ 83.896,71. Como seu desejo pagar essa dívida daqui a um ano (12 meses), o novo título será de:

$$M = C \cdot (1+i)^n$$
$$M = 83.896,71 \cdot (1+0,018)^{12}$$
$$M = 103.924,58$$

Na calculadora HP-12C, pressionamos a seguinte sequência de teclas:

f   REG
f   2
47460   CHS   FV

1.8	i
4	n
PV	(No visor, temos 44.191,28)
f	REG
f	2
47460 CHS	FV
1.8	i
10	n
PV	(No visor, temos 39.705,43)
44191.28 ENTER	
39705.43 +	(No visor, temos 83.896,71)
CHS	PV
12	n
1.8	i
FV	(No visor, temos 103.924,58)

3.8 Anatocismo

O dicionário Houaiss da língua portuguesa define *anatocismo* como a cobrança de juros sobre juros e informa que não é permitida tal cobrança em nossa legislação, exceto quando houver estipulação anterior que a autorize (Houaiss, 2001).

O conceito de juros compostos é válido e é utilizado regularmente em uma economia inflacionada, como é o caso brasileiro. Mas nem sempre esse anatocismo é visto como negativo, pois, quando aplicamos um dinheiro e somos remunerados com juros compostos, ganhamos bem mais do que ganharíamos se fôssemos remunerados com juros simples.

Um exemplo bastante conhecido de todos nós é a caderneta de poupança: a remuneração segue esse princípio de juros sobre juros e o poupador é quem sai ganhando, e não o agente financeiro.

Conforme Marinho (2012, p. 122, 123),

> A existência da caderneta de poupança é exemplificativa e é bastante óbvia a ambígua legitimidade do anatocismo no sistema jurídico/econômico do país. Ele é válido e salutar para alguns contratos e expressamente rejeitado e vedado para outros, de acordo com as partes e objeto envolvidos no contrato sobre o qual se aplicarão os juros compostos.
>
> Ressalte-se aqui que a legislação moderna tem entendido pela aplicabilidade dos juros compostos, desde que calculados ano a ano, e não mês a mês como na referida caderneta de poupança.

> [...]
>
> Há permissão legal para juros compostos, entretanto, face aos contratos existentes para financiamentos imobiliários, onde a capitalização dos juros é permitida no âmbito do SFI – Sistema de Financiamento Imobiliário, a teor do art. 5º, III, da Lei nº 9.514/97.
>
> [...] os juros vencidos e não pagos somente poderão integrar a base de cálculo da incidência de novos juros após o prazo de um ano e assim sucessivamente. A capitalização dos juros, portanto, é anual.

Já segundo Fachini (2023), a prática de anatocismo é considerada ilícita no Brasil, pois ainda não é matéria pacificada no direito econômico e financeiro. O autor acrescenta:

> Anatocismo é um termo próprio do Direito para definir a cobrança de juros sobre juros devidos, em uma situação de inadimplência. Essa conduta é vetada pela lei brasileira e, portanto, é prática ilícita.
>
> Contudo, empiricamente, entender quando ocorre o anatocismo é mais complexo. Isso porque, muito frequentemente, ele pode se confundir com a aplicação de juros compostos – que, na maioria das vezes, não é por si só considerada crime. (Fachini, 2023)

Para o seu melhor entendimento, considere que você tem um financiamento sobre o qual incide uma taxa de juros compostos de 1% ao mês. Caso você fique inadimplente, o credor cobrará juros não apenas sobre o valor inicial de sua dívida, mas também sobre os juros já cumulados, o que configura a prática do anatocismo.

3.9 Juros remuneratórios e juros compensatórios

De acordo com Torrano (2014), **juros remuneratórios** são aqueles "devidos como compensação pela utilização de Capital pertencente a outrem". Podemos encarar os juros como um aluguel pago pela utilização consentida de capital de terceiros.

Conforme o Superior Tribunal de Justiça (STJ), os juros remuneratórios são "aqueles que representam o preço da disponibilidade monetária, pago pelo mutuário ao mutuante, em decorrência do negócio jurídico celebrado entre eles" (Brasil, 2009b).

O mutuante é, por exemplo, uma instituição financeira, enquanto o mutuário é o cliente dessa instituição. O valor desses juros é, naturalmente, pactuado no contrato pelas partes envolvidas.

Por exemplo, ao financiarmos um imóvel em um agente financeiro, está expresso no contrato o valor da taxa de juros mensal e anual.

Como informa Torrano (2014),

> Por conseguinte, entende-se, [sic] o Superior Tribunal de Justiça, que as taxas de juros remuneratórios são limitadas pelo próprio contrato, podendo, contudo, ser revisadas se elas forem abusivas, e, neste caso, deve haver a limitação pelas taxas médias de mercado divulgadas pelo Banco Central do Brasil, salvo se a taxa contratual for mais vantajosa.

Os juros remuneratórios diferem daqueles que denominamos **juros de mora**. Os juros de mora são calculados com uma taxa de juros que incide sobre o tempo pelo qual um título de crédito está atrasado. São, portanto, uma penalização a quem atrasa um pagamento.

Conforme Gonçalves (2009, p. 382), juros remuneratórios "são os devidos como compensação pela utilização de capital pertencente a outrem. Resultam de uma utilização consentida de capital alheio".

E o que são **juros compensatórios**?

Juros compensatórios, tal como os juros remuneratórios, são os juros devidos por quem utiliza capital de terceiros.

Entende-se que as taxas de juros remuneratórios estão expressas no contrato e, caso sejam abusivas, poderão ser revisadas a qualquer momento.

Síntese

Neste capítulo, vimos que, em países em que a inflação existe e nem sempre é baixa, a economia utiliza prioritariamente a capitalização composta, em que a dívida contraída por uma pessoa ou por uma empresa cresce exponencialmente ao longo do tempo.

Entretanto, isso não significa que a capitalização simples não é utilizada, pelo contrário. Quando uma dívida está vencida e será paga em um período fracionário, são utilizados os juros compostos nas partes inteiras do período e os juros simples na parte fracionária, uma vez que em períodos não inteiros os juros simples são maiores do que os juros compostos. Assim, uma dívida que foi paga com 3 meses e 17 dias de atraso terá:

a) juros compostos (juros sobre juros) nos 3 meses;
b) juros simples nos 17 dias.

> Verificamos que, para o cálculo de taxas equivalentes, quando se trata de juros compostos, o cálculo exige a utilização de uma fórmula. Esse cálculo não é, portanto, tão simples quanto na equivalência de taxas de juros simples.
>
> Quando um devedor quita sua dívida antes do vencimento, ele merece um desconto. Tal como ocorre na capitalização simples, esse desconto pode ser:
>
> **a)** comercial, quando a taxa de desconto é aplicada sobre o valor nominal do título;
>
> **b)** racional, quando a taxa de desconto é aplicada sobre o valor atual do título.
>
> Analisamos, ainda, os diferentes tipos de taxa quando se trata de capitalização composta:
>
> **a)** taxa nominal;
> **b)** taxa efetiva;
> **c)** taxa real;
> **d)** taxa aparente.
>
> Além disso, definimos o que se entende por *anatocismo*, *juros remuneratórios* e *juros compensatórios* no meio forense.
>
> Por último, estudamos a equivalência de capitais e verificamos que dois ou mais títulos só são equivalentes a uma mesma taxa de juros. Títulos equivalentes têm o mesmo valor atual numa determinada data, denominada *data de referência*.

Questões para revisão

1) Considerando os diversos tipos de taxa em capitalização composta, assinale a alternativa correta:

   a. *Taxa nominal* é sinônimo de *taxa efetiva*.
   b. A taxa aparente leva em consideração a inflação do período ao qual a taxa se refere.
   c. A taxa efetiva é sempre superior à taxa nominal, quando há vários períodos de capitalização.
   d. A taxa real não leva em consideração a inflação do período ao qual a taxa se refere.

2) Um indivíduo emprestou em um banco a quantia de R$ 30.000,00 e pagou, no final do período, o montante de R$ 36.000,00. Esse indivíduo, no ato da operação de empréstimo, pagou despesas operacionais no valor de R$ 300,00. Quais são as taxas nominal, efetiva e real dessa operação, sabendo-se que a inflação no período do empréstimo foi de 4%?

3) O capital de R$ 123.000,00 foi aplicado a juros compostos, com capitalização mensal, a uma taxa efetiva de 30% ao ano. Qual foi o montante dessa aplicação após 8 meses?

   a. M = R$ 146.510,03
   b. M = R$ 159.900,00
   c. M = R$ 138.495,43
   d. M = R$ 153.455,06

4) Uma empresa quitou um título de crédito de R$ 200.000,00 cinco meses antes do vencimento. Com isso, a empresa ganhou um desconto racional composto de 1,45% ao mês. Por quanto o título foi quitado?

   a. Vr = 186.110,01
   b. Vr = 192.133,70
   c. Vr = 188.098,44
   d. Vr = 183.334,55

5) Um indivíduo possui um título de R$ 23.477,00 com vencimento daqui a 10 meses e deseja substituí-lo por outro equivalente com vencimento daqui a um ano e meio. Qual será o valor do novo título, considerando-se uma taxa de juros compostos igual a 2% ao mês?

Questões para reflexão

1) Uma classe trabalhadora teve um aumento salarial de 8,5% referente a um período em que a inflação foi de 2,5%. Com esse cenário, podemos afirmar que a taxa real de aumento salarial dessa classe trabalhadora foi de apenas 6%. Explique.

2) O desconto comercial composto é sempre maior do que o desconto racional composto. Justifique.

Conteúdos do capítulo

- Rendas ou séries uniformes.
- Classificação de uma renda.
- Modelo básico de renda.
- Renda antecipada.
- Renda diferida.
- Rendas diversas.

Após o estudo deste capítulo, você será capaz de:

1. conceituar *renda* ou *série uniforme*;
2. classificar uma renda quanto à periodicidade, quanto ao prazo, quanto ao valor e quanto à forma;
3. conceituar *modelo básico de renda*;
4. conceituar *renda antecipada*;
5. conceituar *renda diferida*;
6. conceituar *rendas diversas*;
7. resolver problemas com qualquer tipo de renda.

4

Rendas ou séries uniformes

Até agora, estudamos a capitalização simples e a capitalização composta supondo que o possuidor de um título de crédito quitará esse título em parcela única ao final do período contratado. Na prática, entretanto, é comum que um empréstimo seja pago em prestações mensais ou em qualquer outra periodicidade. O mesmo acontece com financiamentos, nos quais as parcelas configuram prestações que poderão, igualmente, ser mensais ou não.

É importante, então, saber calcular os valores dessas prestações para os mais diversos tipos de financiamento utilizados em nosso dia a dia.

As sucessivas parcelas de um financiamento são denominadas *renda* ou *série uniforme*. Lembre-se de que, quando alguém paga uma parcela, outra pessoa a recebe. Portanto, podemos dizer que uma renda é uma sucessão de pagamentos ou recebimentos.

Mas imagine que alguém vai todo mês a um banco comercial fazer um depósito numa caderneta de poupança. Isso nos permite estender a definição de *renda* da seguinte forma: renda é uma sucessão de pagamentos, recebimentos ou depósitos.

Quando uma sucessão de pagamentos se destina ao pagamento de uma dívida, dizemos que se trata de uma amortização. Quando uma sucessão de depósitos se destina a uma poupança, por exemplo, afirmamos que se trata de uma capitalização.

Essa sucessão de pagamentos, de recebimentos ou de depósitos pode ser representada, ao longo do tempo, pelo que denominamos *fluxo de caixa*. Como exemplo, suponhamos uma conta bancária que, durante um determinado mês, tenha apresentado as entradas e saídas de capital ilustradas na Tabela 4.1 e na Figura 4.1.

Tabela 4.1 – Representação de um fluxo de caixa

Depósitos		Saques	
Dia	Valor	Dia	Valor
01	2.000,00	-	-
03	5.800,00	05	2.100,00
08	3.200,00	08	4.000,00
13	3.000,00	14	2.500,00
19	1.500,00	20	3.200,00

Figura 4.1 – Fluxo de caixa

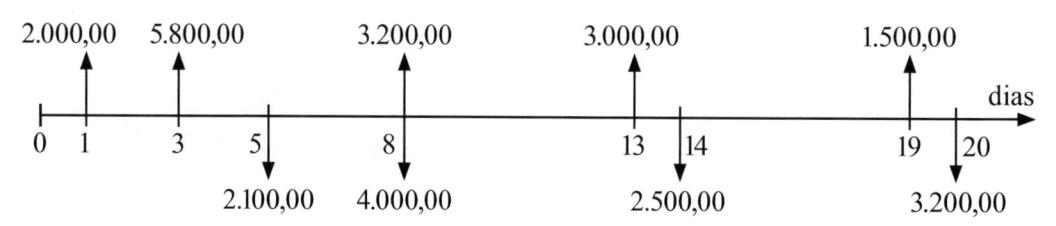

```
2.000,00   5.800,00      3.200,00        3.000,00              1.500,00
   ↑          ↑             ↑               ↑                     ↑
                                                                          dias
───┼──┼──────┼──────┼─────────┼─────────┼──┼──────────┼──┼──────►
   0  1      3      5         8         13 14         19 20
                    ↓         ↓             ↓            ↓
                 2.100,00  4.000,00      2.500,00     3.200,00
```

No eixo horizontal da figura, temos representados os períodos (dias, meses, bimestres, anos etc.), orientados da esquerda para a direita.

Os recebimentos ou depósitos são as entradas do fluxo de caixa e estão representados com setas orientadas para cima, enquanto os saques são as saídas do fluxo de caixa e estão representados com setas orientadas para baixo.

Quando num mesmo dia há uma entrada e uma saída, como ocorreu no dia 8 (veja na Figura 4.1), poderíamos representar com uma única seta o resultado da diferença entre os valores. No exemplo, seria uma seta orientada para baixo com o valor de R$ 800,00.

O conhecimento dos diversos tipos de renda é fundamental para uma análise efetuada por um perito.

4.1 Classificação de uma renda

Uma renda, ou seja, uma sucessão de pagamentos, recebimentos ou depósitos, tem variáveis que precisam ser conhecidas e consideradas na realização do cálculo das parcelas (prestações).

A primeira variável a ser considerada numa renda é seu prazo de duração. Ela se classifica em:

- **a) Temporária**, quando sua duração é limitada (por exemplo, aquisição de um eletrodoméstico em prestações, consórcios).
- **b) Perpétua**, quando sua duração é ilimitada (por exemplo, aposentadoria, condomínio).

A segunda variável a ser considerada é o valor de cada parcela (pagamento, recebimento ou depósito). Ela se classifica em:

- **a) Constante**, quando todas as parcelas são iguais.
- **b) Variável**, quando há pelo menos dois valores diferentes entre as parcelas da sucessão.

A terceira variável a ser considerada é a periodicidade entre as parcelas. Ela se classifica em:

a) **Periódica**, quando o intervalo entre as sucessivas parcelas é sempre o mesmo (por exemplo, pagamentos mensais).

b) **Não periódica**, quando o intervalo entre as sucessivas parcelas não é sempre o mesmo.

A quarta variável refere-se à forma como os pagamentos, recebimentos ou depósitos ocorrem. Ela pode ser:

a) **Imediata**, quando o pagamento, recebimento ou depósito ocorre já no primeiro período, podendo ser classificada em:
- postecipada, quando a ocorrência se dá no final do período, ou seja, sem entrada;
- antecipada, quando a ocorrência se dá no início do período, ou seja, configura uma entrada com valor igual ao das demais parcelas.

b) **Diferida**, quando existe um período denominado *carência* e, nesse caso, o primeiro pagamento, recebimento ou depósito não ocorre no primeiro período da renda, podendo ser classificada em:
- postecipada, quando o primeiro pagamento, recebimento ou depósito ocorre no final do primeiro período após a carência;
- antecipada, quando o primeiro pagamento, recebimento ou depósito ocorre no final do primeiro período após a carência, ou seja, ele coincide com o final da carência.

4.2 Modelo básico de renda

Analisando-se todas as variáveis, é possível perceber qual é a tendência do mercado. A maioria das transações tem as seguintes características: é temporária, é constante, é periódica e é imediata postecipada. Quando todas essas características estão simultaneamente presentes, a renda é denominada *modelo básico de renda*. Observe que é sem carência e sem entrada.

Conforme Castanheira e Serenato (2014, p. 78), "cada parcela de uma série de pagamentos ou recebimentos ou depósitos passaremos a denominar de prestação e será representada pela letra p".

O cálculo do valor atual é feito pela seguinte fórmula:

$$C = p \cdot \left(\frac{(1+i)^n - 1}{(1+i)^n \cdot i} \right)$$

Nessa fórmula:

- C = valor atual (ou valor presente ou capital)
- p = valor das prestações (todas iguais)
- n = número de prestações
- i = taxa de juros compostos

Vamos analisar alguns exemplos.

Exemplo 4.1

Imagine que um cliente de uma loja de eletrodomésticos adquiriu um produto que custava, à vista, R$ 2.459,99 em 8 pagamentos mensais e iguais, com a primeira prestação a ser paga um mês após a compra. Qual é o valor dessas prestações, considerando-se que a loja trabalhava, no momento da operação, com uma taxa de juros compostos igual a 3,6884% ao mês?

A primeira análise a ser feita consiste em avaliar se essa operação se constitui em um modelo básico de renda. No caso, sabemos quantas são as prestações, que são todas iguais, que a renda é periódica (mensais) e sem entrada e que não há carência. Logo, é um modelo básico de renda. Então, vamos utilizar a seguinte fórmula:

$$C = p \cdot \left(\frac{(1+i)^n - 1}{(1+i)^n \cdot i} \right)$$

$$2.459,99 = p \cdot \frac{(1+0,036884)^8 - 1}{(1+0,036884)^8 \cdot 0,036884}$$

$$2.459,99 = p \cdot \frac{0,336107445}{0,049280987}$$

$$2.459,99 = p \cdot 6,820225516181322$$

$$p = \frac{2.459,99}{6,820225516181322}$$

$$p = 360,69$$

Na calculadora HP-12C, pressionamos a seguinte sequência de teclas:

f	REG	
f	2	
2459.99	CHS	PV
8	n	
3.6884	i	
PMT		(No visor, temos 360,69)

Num fluxo de caixa, poderíamos representar essa operação como na Figura 4.2.

Figura 4.2 – Fluxo de caixa do Exemplo 4.1

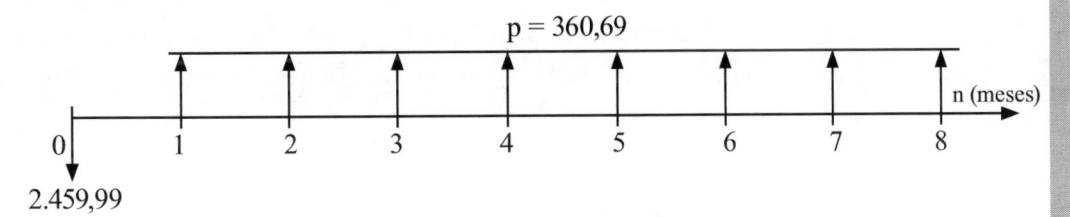

Normalmente, escreve-se acima de cada seta o valor correspondente a cada prestação. Entretanto, quando sucessivas prestações têm o mesmo valor, é usual unir as setas correspondentes com uma linha paralela ao eixo do tempo (período) e escrever sobre ela o valor das prestações, conforme representado na Figura 4.2.

Exemplo 4.2

Suponha que uma pessoa fez um empréstimo em um agente financeiro que trabalha com uma taxa de juros simples de 2,58% ao mês. A pessoa devolveu o dinheiro em 12 prestações mensais e iguais a R$ 1.175,52, sendo que a primeira foi paga um mês após a assinatura do contrato. Quanto essa pessoa tomou emprestado?

Como todas as características demonstram que se trata de um modelo básico de renda, podemos utilizar a seguinte fórmula:

$$C = p \cdot \left(\frac{(1+i)^n - 1}{(1+i)^n \cdot i} \right)$$

$$C = 1.175{,}52 \cdot \frac{(1 + 0{,}0258)^{12} - 1}{(1 + 0{,}0258)^{12} \cdot 0{,}0258}$$

$$C = 1.175{,}52 \cdot \frac{0{,}35753906785}{0{,}035024508}$$

$$C = 12.000{,}01$$

Na calculadora HP-12C, pressionamos a seguinte sequência de teclas:

f	REG	
f	2	
1175.52	CHS	PMT
12	n	
2.58	i	
PV		(No visor, temos 12.000,01)

Exemplo 4.3

Considere que uma mercadoria que custava, à vista, R$ 7.469,60 foi adquirida em prestações mensais, iguais e sem entrada a uma taxa de juros compostos de 3,48% ao mês. O vendedor dessa mercadoria cobrou prestações de R$ 897,25. Quantas foram as prestações?

Como todas as características demonstram que se trata de um modelo básico de renda, podemos utilizar a seguinte fórmula:

$$C = p \cdot \left(\frac{(1+i)^n - 1}{(1+i)^n \cdot i} \right)$$

$$7.469{,}60 = 897{,}25 \cdot \frac{(1+0{,}0348)^n - 1}{(1+0{,}0348)^n \cdot 0{,}0348}$$

$$\frac{7.469{,}60}{897{,}25} = \frac{(1+0{,}0348)^n - 1}{(1+0{,}0348)^n \cdot 0{,}0348}$$

$$8{,}32499303427 = \frac{(1+0{,}0348)^n - 1}{(1+0{,}0348)^n \cdot 0{,}0348}$$

$8{,}32499303427 \cdot 1{,}0348^n \cdot 0{,}0348 = 1{,}0348^n - 1$

$0{,}28970975759 \cdot 1{,}0348^n = 1{,}0348^n - 1$

$1{,}0348^n - 0{,}28970975759 \cdot 1{,}0348^n = 1$

$0{,}71029024241 \cdot 1{,}0348^n = 1$

$$1{,}0348^n = \frac{1}{0{,}71029024241}$$

$1{,}0348^n = 1{,}407875175938$

$LN\, 1{,}0348^n = LN\, 1{,}407875175938$

$n \cdot LN\, 1{,}0348 = LN\, 1{,}407875175938$

$$n = \frac{LN\, 1{,}407875175938}{LN\, 1{,}0348}$$

$$n = \frac{0{,}3420816}{0{,}03420816}$$

$n = 10$ meses

Na calculadora HP-12C, pressionamos a seguinte sequência de teclas:

f	REG	
f	2	
897.25	CHS	PMT
7469.60	PV	
3.48	i	
n		(No visor, temos 10)

Como a taxa fornecida é em meses, o período também é em meses. No caso, são 10 meses.

Exemplo 4.4

Considere que um automóvel que custa, à vista, R$ 184.900,00 foi financiado em 24 parcelas mensais e iguais, com a primeira delas vencendo um mês após a compra. Supondo-se que não houve entrada na operação, qual foi a taxa de juros compostos utilizada pela concessionária, uma vez que as prestações foram de R$ 8.902,06?

Como todas as características demonstram que se trata de um modelo básico de renda, podemos utilizar a seguinte fórmula:

$$C = p \cdot \left(\frac{(1+i)^n - 1}{(1+i)^n \cdot i} \right)$$

Como o cálculo sem o uso de uma calculadora financeira é muito difícil, vamos mostrar, inicialmente, a resolução pela HP-12C. Na calculadora HP-12C, pressionamos a seguinte sequência de teclas:

f	REG	
f	2	
8902.06	CHS	PMT
184900.00	PV	
24	n	
i		(No visor, temos 1,19)

Há uma maneira de resolver esse exemplo sem o uso de uma calculadora financeira, utilizando, com razoável aproximação, a seguinte fórmula:

$$i = \frac{200 \cdot k \cdot (3+k)}{n \cdot (2 \cdot k + 3) + 3}$$

Nessa fórmula:

- n = número de prestações
- $k = n \cdot \dfrac{p}{C} - 1$, em que:
  - p = valor das prestações
  - C = valor à vista

Assim, temos:

$$k = 24 \cdot \frac{8.902,06}{184.900,00} - 1$$

$$k = 0,1554864251$$

$$i = \frac{200 \cdot 0,1554864251 \cdot (3 + 0,1554864251)}{24 \cdot (2 \cdot 0,1554864251 + 3) + 3}$$

$$i = \frac{31,09728502 \cdot 3,1554864251}{24 \cdot 3,3109728502 + 3}$$

$$i = \frac{98,127060738}{82,4633484048}$$

$$i = 1,19\% \text{ ao mês}$$

4.3 Renda antecipada

Em algumas operações em que se conhece o número de parcelas, o intervalo entre elas é constante, as parcelas são todas iguais e não há carência, a primeira parcela é paga no ato da assinatura do contrato (o chamado *dia zero*). Em outras palavras, houve uma entrada de valor igual ao das demais parcelas. Nesse caso, a renda é denominada *antecipada* e a fórmula a ser utilizada é a seguinte:

$$C = p \cdot \left(\frac{(1+i)^n - 1}{(1+i)^n \cdot i} \right) \cdot (1+i)$$

Observe que é a fórmula do modelo básico de renda multiplicada por $(1 + i)$, uma vez que os pagamentos, recebimentos ou depósitos tiveram a antecipação de um período.

No Exemplo 4.5, vamos resolver o Exemplo 4.1 supondo, agora, que a primeira prestação deverá ser dada como entrada.

Exemplo 4.5

Imagine que um cliente de uma loja de eletrodomésticos adquiriu um produto que custava, à vista, R$ 2.459,99 em 8 pagamentos mensais e iguais, com a primeira prestação a ser paga no ato da compra. Qual é o valor dessas prestações, considerando-se que a loja trabalhava, no momento da operação, com uma taxa de juros compostos igual a 3,6884% ao mês?

Vamos calcular do seguinte modo:

$$C = p \cdot \left(\frac{(1+i)^n - 1}{(1+i)^n \cdot i} \right) \cdot (1+i)$$

$$2.459{,}99 = p \cdot \frac{(1+0{,}036884)^8 - 1}{(1+0{,}036884)^8 \cdot 0{,}036884} \cdot (1 + 0{,}036884)$$

$$2.459{,}99 = p \cdot \frac{0{,}336107445}{0{,}049280987} \cdot (1{,}036884)$$

$$2.459{,}99 = p \cdot 7{,}07178271412$$

$$p = \frac{2.459{,}99}{7{,}07178271412}$$

$$p = 347{,}86$$

Na calculadora HP-12C, pressionamos a seguinte sequência de teclas:

f	REG	
f	2	
g	BEG	(No visor, deve aparecer a palavra BEGIN)
2459.99	CHS	PV
8	n	
3.6884	i	
PMT		(No visor, temos 347,86)

É importante observar, então, que, quando a palavra BEGIN está aparecendo no visor da máquina, os cálculos estão sendo efetuados supondo-se que a primeira prestação foi dada no dia zero, como entrada. É necessário lembrar que essa entrada tem valor igual ao das demais prestações.

Para apagar a palavra BEGIN, pressione a tecla "g" e, depois, a tecla END.

Exemplo 4.6

Considere que você deseja aplicar mensalmente certa quantia com o propósito de, daqui a 20 meses, ter R$ 100.000,00. Supondo que você tem como aplicar essa quantia a uma taxa de juros compostos igual a 1% ao mês, quanto deverá aplicar no início de cada mês? Não considere o Imposto de Renda da operação.

Para o cálculo do montante (valor futuro), temos a seguinte fórmula:

$$M = p \cdot \left(\frac{(1+i)^n - 1}{i}\right) \cdot (1+i)$$

$$p = \frac{M \cdot i}{\left[(1+i)^n - 1\right] \cdot (1+i)}$$

$$p = \frac{100.000,00 \cdot 0,01}{\left[(1+0,01)^{20} - 1\right] \cdot (1+0,01)}$$

$$p = \frac{1.000,00}{0,222391940347446}$$

p = 4.496,57

Na calculadora HP-12C, pressionamos a seguinte sequência de teclas:

f	REG	
f	2	
g	BEG	(No visor, deve aparecer a palavra BEGIN)
100000.00	CHS	FV
1	i	
20	n	
PMT		(No visor, temos 4.496,57)

4.4 Renda diferida

É comum ouvirmos no rádio e na televisão algumas promoções como "Compre agora e só pague com o décimo terceiro salário", "Compre agora e dê a entrada só daqui a quatro meses", entre outras similares. Isso significa que podemos adquirir um bem e utilizá-lo por um período sem pagar qualquer valor durante determinado tempo. Esse tempo é o que denominamos *carência*.

Quando uma sucessão de pagamentos, recebimentos ou depósitos tem carência, a renda é denominada *renda diferida*.

Quando estudamos a classificação das rendas, vimos que uma renda diferida pode ser postecipada (sem entrada) ou antecipada (com entrada). Mas é importante que haja cuidado com esse conceito de "com entrada".

Quando, em uma renda diferida, há entrada, ela é dada no início do primeiro período após a carência, ou seja, coincide com o final da carência.

Logo, quando uma renda diferida é sem entrada, o primeiro pagamento é efetuado ao final do primeiro período após a carência.

Vamos representar uma renda em fluxo de caixa, com carência de 4 meses. Observe a figura a seguir.

Figura 4.3 – Renda com carência de 4 meses

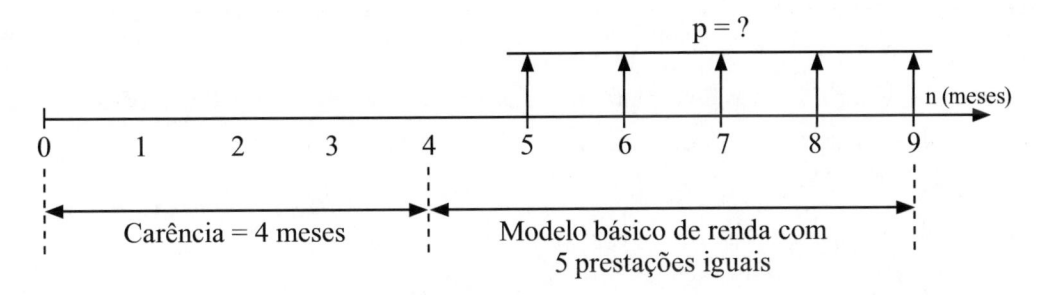

Perceba, pela Figura 4.3, que, para resolvermos exercícios com uma renda diferida, devemos dividir o problema em duas partes:

1. a carência, durante a qual a capitalização existe, mas nenhum capital foi utilizado;
2. a sucessão de pagamentos, recebimentos ou depósitos, a qual pode, ou não, caracterizar um modelo básico de renda.

Vamos analisar alguns exemplos.

Exemplo 4.7

Suponha que a Figura 4.3 representa uma renda em que um equipamento foi adquirido em 5 parcelas mensais e iguais, sendo que a primeira parcela só venceu 5 meses após a compra. Vamos calcular o valor dessas parcelas, supondo que esse equipamento custa, à vista, R$ 4.320,00 e que o vendedor utiliza uma taxa de juros compostos igual a 2% ao mês.

Pela Figura 4.3, sabemos que há uma carência de 4 meses. No dia zero, o equipamento vale R$ 4.320,00. Quatro meses depois, deveremos considerar um reajuste nesse valor, tendo como base a taxa de juros utilizada pelo vendedor. Então, 4 meses depois da compra, o equipamento valerá:

$$M = C \cdot (1 + i)^n$$
$$M = 4.320,00 \cdot (1 + 0,02)^4$$
$$M = 4.676,11$$

Na calculadora HP-12C, pressionamos a seguinte sequência de teclas:

f	REG
f	2
4	n
2	i
4320.00	CHS PV
FV	(No visor, temos 4.676,11)

Esse é o valor no início do tempo que consideraremos como um modelo básico de renda e que utilizaremos para determinar o valor das 5 prestações.

$$C = p \cdot \left(\frac{(1+i)^n - 1}{(1+i)^n \cdot i} \right)$$

$$4.320,00 = p \cdot \frac{(1+0,02)^5 - 1}{(1+0,02)^5 \cdot 0,02}$$

$$4.320,00 = p \cdot \frac{0,1040808032}{0,022081616064}$$

$$4.320,00 = p \cdot 4,7134595085$$

$$p = \frac{4.320,00}{4,7134595085}$$

$$p = 916,52$$

Na calculadora HP-12C, pressionamos a seguinte sequência de teclas:

f	REG
f	2
5	n
2	i
4320.00	CHS PV
PMT	(No visor, temos 916,52)

Lembre-se de que a palavra BEGIN não deve estar visível no visor da máquina. Se estiver, pressione a tecla "g" e, em seguida, a tecla END.

Exemplo 4.8

Uma máquina foi adquirida em 10 prestações mensais e iguais a R$ 1.435,00 em uma loja que utilizou a taxa de juros compostos igual a 2,3864% ao mês. Como foi dada ao comprador uma carência de 8 meses, qual era o preço à vista dessa máquina?

Vamos representar essa operação em um fluxo de caixa, na Figura 4.4.

Figura 4.4 – Fluxo de caixa do Exemplo 4.8

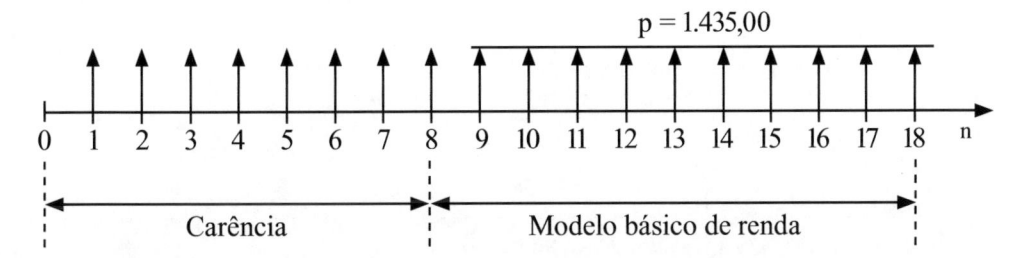

```
                                    p = 1.435,00
        ↑  ↑  ↑  ↑  ↑  ↑  ↑  ↑  ↑  ↑  ↑  ↑  ↑  ↑  ↑  ↑  ↑  ↑
    ├───┼──┼──┼──┼──┼──┼──┼──┼──┼──┼──┼──┼──┼──┼──┼──┼──┼──┼──→
    0   1  2  3  4  5  6  7  8  9  10 11 12 13 14 15 16 17 18   n
    ├──────────────────────────┤├──────────────────────────────┤
              Carência                Modelo básico de renda
```

Como já conhecemos o valor das prestações, o primeiro passo é verificar qual é o valor presente desse modelo básico de renda, ou seja, qual é o valor da máquina no final da carência (no mês 8).

$$C = p \cdot \left(\frac{(1+i)^n - 1}{(1+i)^n \cdot i} \right)$$

$$C = 1.435,00 \cdot \frac{(1+0,023864)^{10} - 1}{(1+0,023864)^{10} \cdot 0,023864}$$

$$C = 1.435,00 \cdot \frac{0,265968}{0,03021106}$$

$$C = 12.633,26$$

Na calculadora HP-12C, pressionamos a seguinte sequência de teclas:

f	REG
f	2
10	n
2.3864	i
1435.00	CHS PMT
PV	(No visor, temos 12.633,26)

O segundo passo consiste em trazer para o dia zero esse valor de 12.633,26. Olhando-se somente o período de carência, esse valor é o valor futuro. No dia zero, teremos o valor presente, que será o preço à vista da máquina.

Vejamos:

$M = C \cdot (1+i)^n$

$12.633,26 = C \cdot (1 + 0,023864)^8$

$12.633,26 = C \cdot 1,207641932856927$

$C = \dfrac{12.633,26}{1,207641932856927}$

$C = 10.461,10$

Na calculadora HP-12C, pressionamos a seguinte sequência de teclas:

f	REG
f	2
8	n
2.3864	i
12633.26	CHS FV
PV	(No visor, temos 10.461,10)

Exemplo 4.9

Imagine um equipamento que custa R$ 32.441,00 à vista e foi vendido em 6 prestações mensais e iguais a R$ 6.500,00, a uma taxa de juros composto de 2,5% ao mês. Sabendo-se que nessa operação houve uma carência, de quantos meses foi essa carência?

É uma renda diferida. Como já conhecemos o valor das prestações, vamos calcular o valor presente no início do modelo básico de renda, ou seja, no final da carência. Assim:

$$C = p \cdot \left(\frac{(1+i)^n - 1}{(1+i)^n \cdot i} \right)$$

$$C = 6.500,00 \cdot \frac{(1+0,025)^6 - 1}{(1+0,025)^6 \cdot 0,025}$$

$$C = 6.500,00 \cdot \frac{0,15969341821289}{0,02899233545532}$$

$$C = 35.802,81$$

Vamos agora analisar o período de carência. Esse valor de R$ 35.802,81 é o do final da carência. No início dela, temos R$ 32.441,00.

Vejamos:

$$M = C \cdot (1 + i)^n$$
$$35.802,81 = 32.441,00 \cdot (1 + 0,025)^n$$
$$\frac{35.802,81}{32.441,00} = 1,025^n$$
$$1,10362858267 = 1,025^n$$
$$LN\ 1,10362858267 = LN\ 1,025^n$$
$$LN\ 1,10362858267 = n \cdot LN\ 1,025$$
$$0,09863064519787 = n \cdot 0,02469261259$$
$$n = \frac{0,09863064519787}{0,02469261259}$$
$$n = 4\ \text{meses}$$

Na calculadora HP-12C, pressionamos a seguinte sequência de teclas:

f	REG	
f	2	
6500.00	CHS	PMT
6	n	
2.5	i	
PV		(No visor, temos 35.802,81)
f	REG	
f	2	
35802.81	CHS	FV
2.5	i	
32441.00	PV	
n		(No visor, temos 4)

4.5 Rendas diversas

No estudo de rendas, até este ponto, vimos sucessões de pagamentos, recebimentos ou depósitos cujas prestações são iguais, com intervalo constante. Mas nem sempre uma renda tem essas características. As prestações podem ser diferentes ou a periodicidade entre as prestações pode ser distinta, o que caracteriza uma renda que não é modelo básico e não é antecipada.

Vamos analisar alguns exemplos.

Exemplo 4.10

Imagine que uma mercadoria foi vendida segundo o fluxo de caixa ilustrado na figura a seguir.

Figura 4.5 – Fluxo de caixa do Exemplo 4.10

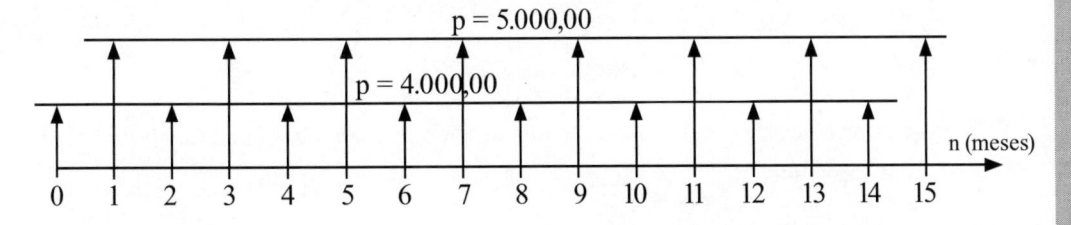

Vamos calcular o valor à vista dessa mercadoria, supondo que foi utilizada uma taxa de juros compostos igual a 1,75% ao mês.

Observe que temos um fluxo de caixa que pode ser dividido em dois:

1. Um fluxo de caixa é formado pelas prestações pares, do mês 0 (zero) ao mês 14, o que configura uma renda antecipada, cuja primeira prestação foi paga no dia 0 (zero). Nesse fluxo, a periodicidade é de dois meses e, com isso, precisaremos calcular a taxa de juros ao bimestre; assim, poderemos calcular o valor presente (no dia 0) dessas 8 prestações.
2. Um fluxo de caixa é formado pelas prestações ímpares, do mês 1 ao mês 15; nesse caso, cuidado, pois da prestação 1 até a prestação 15 temos também uma renda antecipada com periodicidade igual a dois meses, mas, do dia zero até a primeira prestação, só temos um mês. Assim, vamos calcular o valor presente no dia do vencimento da primeira prestação (um mês após o dia zero) e, depois, vamos verificar quanto esse valor vale no dia zero (um mês antes).

Vamos calcular, então, a taxa bimestral equivalente à taxa mensal:

$i_t = 1{,}75\%$ a.m.
$i_q = ?$ a.b.
$t = 1$ m.
$q = 1$ b. $= 2$ m.
$i_q = (1 + i_t)^{q/t} - 1$
$i_q = (1 + 0{,}0175)^2 - 1$
$i_q = 0{,}03530625$ a.b. (ou $3{,}530625\%$ a.b.)

Fazendo o cálculo pela HP-12C, pressionamos a seguinte sequência de teclas:

f	REG	
f	6	
STO	EEX	(Indicador "c" ligado)
100	CHS	PV
101.75	FV	
1	ENTER	2 : n
i		(No visor, temos 3,530625)

Agora, vamos calcular o valor presente das prestações pares (vamos chamá-lo de C_1):

$$C_1 = p \cdot \left(\frac{(1+i)^n - 1}{(1+i)^n \cdot i} \right) \cdot (1+i)$$

$$C_1 = 4.000{,}00 \cdot \frac{(1+0{,}03530625)^8 - 1}{(1+0{,}03530625)^8 \cdot 0{,}03530625} \cdot (1+0{,}03530625)$$

$$C_1 = 4.000{,}00 \cdot \frac{0{,}319929351208}{0{,}046601755656} \cdot 1{,}03530625$$

$C_1 = 28.430{,}25$

Agora, vamos calcular o valor presente no início do segundo fluxo de caixa, com entrada (início do mês 1):

$$C = p \cdot \left(\frac{(1+i)^n - 1}{(1+i)^n \cdot i} \right) \cdot (1+i)$$

$$C = 5.000,00 \cdot \frac{(1+0,03530625)^8 - 1}{(1+0,03530625)^8 \cdot 0,03530625} \cdot (1+0,03530625)$$

$$C = 5.000,00 \cdot \frac{1,3199293512}{0,046601755656} \cdot 1,03530625$$

$$C = 35.537,81$$

Esse valor deve ser trazido ao dia zero (um mês antes), considerando-se a taxa mensal de 1,75% ao mês (vamos chamá-lo de C_2).

$$M = C_2 \cdot (1+i)^n$$
$$35.537,81 = C_2 \cdot (1+0,0175)^1$$
$$C_2 = \frac{35.537,81}{1,0175}$$
$$C_2 = 34.926,59$$

Portanto, o valor à vista da mercadoria é $C_1 + C_2 = 63.356,84$.

Vamos, então, realizar esses cálculos pela calculadora HP-12C.

Observe que serão utilizadas as teclas CF_0 e CFj para a representação do fluxo de caixa (CF = *Cash Flow*, no inglês).

Fazendo o cálculo do valor à vista pela HP-12C, pressionamos a seguinte sequência de teclas:

f	REG		
f	2		
4000	g	CF_0	(Informa que no *Cash Flow* será feito um pagamento no dia zero)
5000	g	CFj	(Cada parcela deve informada, na sequência correta, na tecla CFj = *Cash Flow* no ponto *j*, com *j* variando de 1 em diante)
4000	g	CFj	
5000	g	CFj	
4000	g	CFj	
5000	g	CFj	
4000	g	CFj	
5000	g	CFj	

4000	g	CFj
5000	g	CFj
4000	g	CFj
5000	g	CFj
4000	g	CFj
5000	g	CFj
4000	g	CFj
5000	g	CFj
1.75	i	
f	NPV	(No visor, temos o valor atual = 63.356,84)

A tecla NPV (*Net Present Value*, ou valor presente líquido) serve para efetuar o cálculo do valor atual líquido do fluxo de caixa que tiver sido registrado pelas teclas CF_0 e CFj.

Exemplo 4.11

Considere que um terreno foi adquirido da seguinte forma:

- R$ 50.000,00 de entrada;
- parcela de R$ 30.000,00 um mês após a compra;
- parcela de R$ 20.000,00 quatro meses após a compra;
- 8 parcelas iguais a R$ 25.000,00, do sexto mês após a compra em diante, mês a mês.

Considerando-se uma taxa de juros compostos de 3,2% ao mês, qual é o preço à vista desse terreno?

Vamos ilustrar num fluxo de caixa essa operação. Observe a Figura 4.6. Os valores das prestações representados no fluxo a seguir foram divididos por 1.000 para facilitar sua representação.

Figura 4.6 – Fluxo de caixa do Exemplo 4.11

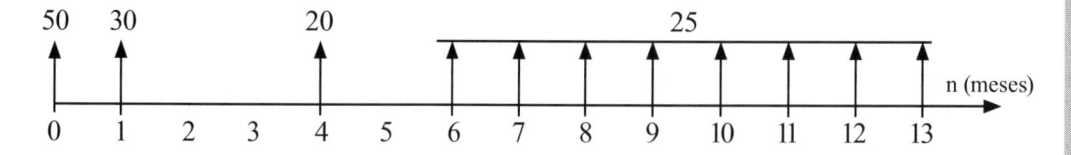

Para resolvermos com a utilização de fórmulas, precisamos verificar quanto cada parcela vale no dia zero.

A parcela de R$ 50.000,00 vale exatamente esse valor, pois foi paga no dia zero.

A parcela de R$ 30.000,00 vale no dia zero:

$M = C \cdot (1 + i)^n$
$30.000,00 = C \cdot (1 + 0,032)^1$
$C = \dfrac{30.000,00}{1,032}$
$C = 29.069,77$

A parcela de R$ 20.000,00 vale no dia zero:

$M = C \cdot (1 + i)^n$
$20.000,00 = C \cdot (1 + 0,032)^4$
$C = \dfrac{20.000,00}{1,13427612}$
$C = 17.632,39$

As 8 parcelas de R$ 25.000,00 formam uma renda diferida, na qual podemos ver um modelo básico de renda do mês 5 ao mês 13. Então, no mês 5, essas 8 parcelas valem:

$C = p \cdot \left(\dfrac{(1+i)^n - 1}{(1+i)^n \cdot i} \right)$

$C = 25.000,00 \cdot \dfrac{(1 + 0,032)^8 - 1}{(1 + 0,032)^8 \cdot 0,032}$

$C = 25.000,00 \cdot \dfrac{0,2865823177}{0,0411706341667}$

$C = 174.021,07$

Precisamos agora trazer esse valor de 174.021,07 para o dia zero:

$M = C \cdot (1 + i)^n$
$174.021,07 = C \cdot (1 + 0,032)^5$
$C = \dfrac{174.021,07}{1,17057295643}$
$C = 148.663,16$

Então, o preço à vista do terreno será igual a:

$50.000,00 + 29.069,77 + 17.632,39 + 148.663,16 = 245.365,32$

Fazendo agora o cálculo do valor à vista pela HP-12C, pressionamos a seguinte sequência de teclas:

f	REG	
f	2	
50000	g	CF_0
30000	g	CFj
0	g	CFj
2	g	Nj (A tecla "Nj" informa ao programa que o último valor deve ser considerado, neste caso, duas vezes)
20000	g	CFj
0	g	CFj
25000	g	CFj
8	g	Nj (A tecla "Nj" informa ao programa que o último valor deve ser considerado, neste caso, oito vezes)
3.2	i	
f	NPV	(No visor, temos 245.365,32)

Exemplo 4.12

Considere que uma construtora vendeu um apartamento diretamente ao comprador da seguinte forma:

- entrada de R$ 200.000,00;
- 40 prestações mensais R$ 20.000,00;
- 4 balões, um a cada 10 meses, no valor de R$ 50.000,00, sendo que o primeiro balão foi no 10º mês do contrato.

Considerando-se uma taxa de juros compostos de 1,29% ao mês, qual é o valor à vista desse apartamento?

Observe que temos dois fluxos de caixa:

1. um formado por 40 prestações mensais e iguais a 20.000,00;
2. um formado por 4 prestações com periodicidade de 10 meses e iguais a 50.000,00.

Trata-se, portanto, de dois modelos básicos de renda.

É preciso observar, ainda, que, para o segundo fluxo de caixa, precisamos conhecer a taxa equivalente a 10 meses, pois só conhecemos a taxa mensal.

Vamos calcular o valor atual do primeiro fluxo de caixa.

$$C = p \cdot \left(\frac{(1+i)^n - 1}{(1+i)^n \cdot i} \right)$$

$$C = 20.000,00 \cdot \frac{(1+0,0129)^{40} - 1}{(1+0,0129)^{40} \cdot 0,0129}$$

$$C = 20.000,00 \cdot \frac{0,6697938044637}{0,021540340077}$$

$$C = 621.897,15$$

Fazendo o cálculo do valor à vista pela HP-12C, pressionamos a seguinte sequência de teclas:

f	REG	
f	2	
20000	CHS	PMT
1.29	i	
40	n	
PV		(No visor, temos 621.897,15)

Agora, vamos calcular o valor atual do segundo fluxo de caixa. Primeiramente, vamos calcular a taxa equivalente para 10 meses.

$i_t = 1,29\%$ a.m.
$i_q = ?$
$t = 1$ m.
$q = 10$ m.
$i_q = (1 + i_t)^{q/t} - 1$
$i_q = (1 + 0,0129)^{10} - 1$
$i_q = 0,13675196$ em 10 meses $= 13,675196\%$ em 10 meses

Fazendo o cálculo do valor à vista pela HP-12C, pressionamos a seguinte sequência de teclas:

f	REG		
f	6		
STO	EEX		
100	CHS	PV	
101.29	FV		
1	ENTER	10 :	n
i		(No visor, temos 13,675196)	

Vamos calcular, então, o valor atual do segundo fluxo de caixa.

$$C = p \cdot \left(\frac{(1+i)^n - 1}{(1+i)^n \cdot i} \right)$$

$$C = 50.000,00 \cdot \frac{(1+0,0129)^4 - 1}{(1+0,0129)^4 \cdot 0,0129}$$

$$C = 50.000,00 \cdot \frac{0,052607074}{0,013578631}$$

$$C = 193.712,73$$

Fazendo o cálculo do valor à vista pela HP-12C, pressionamos a seguinte sequência de teclas:

f	REG	
f	2	
50000	CHS	PMT
1.29	i	
4	n	
PV		(No visor, temos 193.712,73)

Assim, o valor à vista do apartamento é:

200.000,00 + 621.897,15 + 193.712,73 = 1.015.609,88

Síntese

Neste capítulo, vimos que, no mundo financeiro, rendas se referem a uma sucessão de pagamentos, recebimentos ou depósitos que se destinam ou a uma capitalização, ou a uma amortização.

Uma renda tem quatro características principais. Ela se classifica quanto:

a) ao prazo, podendo ser temporária ou perpétua;

b) ao período, podendo ser periódica ou não periódica;

c) ao valor, podendo ter todas as parcelas iguais ou pelo menos dois valores diferentes;

d) à forma, podendo ser imediata ou diferida.

Uma renda diferida é aquela em que existe uma carência. Carência é aquele tempo durante o qual já estamos de posse de um bem, mas ainda não desembolsamos qualquer valor.

No caso da forma, é necessário ainda classificar cada renda em antecipada (quando há uma entrada) ou postecipada, quando a primeira parcela vence no final do primeiro período (quando não há uma entrada). Todavia, para uma renda diferida, esse conceito de "com entrada" ou "sem entrada" só é válido após a carência.

Entre os vários tipos de renda, há um que se destaca: o modelo básico de renda. Nesse modelo, sabemos quantas serão as parcelas (a renda é temporária), que os valores das parcelas são todos iguais (a renda é constante), que o intervalo entre sucessivas parcelas é sempre o mesmo (a renda é periódica) e que não há carência ou entrada (a renda é imediata e postecipada).

Caso o primeiro pagamento seja efetuado no início do primeiro período, ou seja, se houver uma entrada, mas as demais características permanecerem presentes quando comparadas com um modelo básico de renda, trata-se de uma renda antecipada.

Mas nem sempre as parcelas (prestações) são todas iguais e nem sempre o intervalo entre elas é constante. Nesse caso, trata-se de uma renda que não recebe nenhum dos nomes citados anteriormente. Ela será classificada como renda diversa. Para a resolução de um problema que envolve uma renda diversa, é necessário dividir o problema em duas ou mais partes, resolver cada parte isoladamente e aplicar as fórmulas de capitalização composta, de modelo básico de renda e de renda antecipada.

Questões para revisão

1) Um perito, realizando uma avaliação de ativos, avaliou uma propriedade comercial cujo proprietário reclamou da cobrança indevida de parcelas em um financiamento efetuado por ele. Foi financiado o valor de R$ 100.000,00 para amortização em 10 parcelas mensais, a partir do quinto mês após a assinatura do contrato, a uma taxa de juros compostos de 3,24% ao mês. O proprietário do comércio alega que as parcelas estão sendo cobradas em um valor maior do que o contratado e que as parcelas deveriam ser de R$ 11.867,09. Esse proprietário está com a razão? Justifique a resposta.

2) Uma pessoa comprou um televisor que custava R$ 8.999,00 à vista, da seguinte forma:
   - pagou uma entrada de R$ 11.999,00;
   - financiou o saldo devedor em 5 parcelas mensais e iguais;
   - a primeira das 5 parcelas venceu exatamente 4 meses após o dia da compra.

Considerando-se que a loja na qual a compra foi realizada estava utilizando uma taxa de juros compostos igual a 2,6854% ao mês, qual é o valor das parcelas mensais?

a. p = 1.399,02
b. p = 1.436,59
c. p = 1.640,12
d. p = 1.597,23

3) Calcule o preço à vista de um imóvel que foi financiado da seguinte forma:

- entrada de R$ 185.000,00;
- 9 parcelas mensais e iguais a R$ 50.000,00, sendo que a primeira venceu um mês após a compra;
- a cada 3 meses, além da parcela de R$ 50.000,00, foi pago um balão de R$ 85.000,00 (nos meses 3, 6 e 9).

Sabe-se que a imobiliária na qual foi efetuada essa operação utilizou uma taxa de juros compostos igual a 2,12% ao mês.

a. C = 815.922,31
b. C = 630.922,31
c. C = 712.322,31
d. C = 905.322,31

4) Uma pessoa fez uma reclamação de que havia sido enganada quanto ao valor cobrado pelo financiamento de um automóvel que custava R$ 120.000,00 à vista e que foi financiado da seguinte forma:

- 10% do valor dado como entrada;
- valor restante financiado em 36 parcelas mensais e iguais, com a primeira vencendo um mês após a compra;
- taxa de juros compostos de 1,89% ao mês.

A reclamação consistiu na afirmação de que os valores das parcelas, não se considerando o valor do seguro que normalmente é incluído na prestação, estão errados. Está sendo cobrado o valor mensal de R$ 4.625,18.

Um perito precisou analisar o contrato que foi assinado no momento da aquisição do veículo e constatou que o reclamante tinha razão. Explique o porquê.

5) Um investidor aplicou, durante 5 anos, o valor mensal de R$ 1.000,00 a uma taxa de juros compostos igual a 0,8% ao mês. Qual será o montante desse investidor após 5 anos?

   a. M = 77.236,86
   b. M = 5.080,64
   c. M = 6.056,67
   d. M = 76.623,87

Questões para reflexão

1) Um investidor alega que sofreu perdas indevidas em um fundo de investimento que prometeu uma rentabilidade mínima de 10% ao ano. O investimento inicial foi de R$ 100.000,00, ao longo de 24 meses. Calcule o valor atual do investimento e determine se as perdas são consistentes com o desempenho do mercado, sabendo que, durante esses 24 meses, houve uma inflação de 8,5% e que o investimento remunerou o capital a uma taxa de juros compostos igual a 1% ao mês. O investidor realmente sofreu perdas em relação ao que foi prometido? Justifique sua resposta.

2) Ao adquirir um bem que custa R$ 5.000,00 à vista em uma loja que trabalha com taxa de juros compostos igual a 4,25% ao mês, o comprador poderá optar entre:

   a. comprar sem entrada e financiar os R$ 5.000,00 em 4 pagamentos mensais e iguais, com o primeiro pagamento vencendo exatamente um mês após a compra (nesse caso, temos que p = 1.385,58);
   b. comprar em 4 pagamentos mensais e iguais, sendo que o primeiro será dado como entrada e o segundo terá vencimento exatamente um mês após a compra (nesse caso, temos que p = 1.329,09).

   Por que, no caso "b", a prestação é menor, se o valor financiado é o mesmo e se o número de parcelas é o mesmo do caso "a"?

Conteúdos do capítulo

- Amortização.
- Sistema Francês de Amortização.
- Sistema de Amortização Constante.
- Sistema de Amortização Misto.
- Sistema de Amortização Crescente.

Após o estudo deste capítulo, você será capaz de:

1. conceituar *amortização*;
2. realizar cálculos no Sistema Francês de Amortização;
3. realizar cálculos no Sistema de Amortização Constante;
4. realizar cálculos no Sistema de Amortização Misto;
5. realizar cálculos no Sistema de Amortização Crescente;
6. comparar os diferentes Sistemas de Amortização.

5
Sistemas de amortização

Quando você se dirige a um agente financeiro e solicita um empréstimo ou quando você financia um bem qualquer, como um apartamento ou um veículo, há várias formas de realizar o pagamento desse empréstimo ou desse financiamento.

Ao assumir uma dívida, você se compromete a restituir o capital emprestado mais os juros acordados entre as partes, dentro de um prazo previamente definido.

À medida que você paga sua dívida, ou em parcela única, ou em parcelas periódicas, você está amortizando essa dívida. Mas o que é amortizar?

Amortizar é devolver o capital que se tomou emprestado. Observe, portanto, que os juros não fazem parte da amortização.

Como exemplo, se você financiou R$ 700.000,00 na aquisição de um imóvel, ao pagar a última prestação, você terá amortizado R$ 700.000,00, independentemente de quanto pagou de juros ao longo do período contratado.

Um fator a ser considerado ao estudarmos a amortização é o prazo dos empréstimos ou dos financiamentos, os quais podem ser de curto, de médio ou de longo prazo.

Conforme Castanheira e Serenato (2014, p. 137), "Os empréstimos de curto e médio prazos caracterizam-se, normalmente, por serem saldados em até 3 anos. Os empréstimos de longo prazo sofrem um tratamento especial porque existem várias modalidades de restituição do principal e dos juros".

Isso acontece porque, no longo prazo, o capital está mais sujeito a fortes desvalorizações em virtude da inflação que possa ocorrer, das interferências do mercado externo, entre outras razões.

Para esses financiamentos de longo prazo, estudaremos a seguir os principais sistemas de amortização.

É importante salientar que o valor dos juros (J) é sempre calculado sobre o saldo devedor (sd) e sempre sob o critério de capitalização composta. Toda prestação (p) é sempre constituída por duas partes: uma corresponde aos juros (J) e a outra corresponde à amortização (a).

Disso resultam duas fórmulas:

$J = i \cdot sd$

$p = a + J$

Como apenas uma parte da prestação corresponde à amortização, toda vez que uma prestação é paga, é necessário recalcular o saldo devedor.

A forma mais simples de amortizar uma dívida é pagá-la em parcela única ao final do contrato. Nesse caso, basta utilizar a fórmula geral da capitalização composta [$M = C \cdot (1 + i)^n$]. Essa forma é denominada *Sistema Americano de Amortização* (SAA). Esse sistema admite, ainda, o pagamento periódico só dos juros, com o capital emprestado pago de uma vez só ao final do prazo contratado, juntamente com a última prestação.

Mas há outros sistemas que merecem uma análise mais criteriosa, principalmente quando um financiamento é questionado em juízo e um perito precisa realizar os cálculos solicitados por um juiz.

Os sistemas de amortização detalhados a seguir pressupõem, num primeiro momento, que não há inflação, ou seja, que não é necessário corrigir monetariamente o saldo devedor.

5.1 Sistema Francês de Amortização (SFA)

O Sistema Francês de Amortização (SFA) é também conhecido como *Sistema Price* e é bastante difundido no setor financeiro, principalmente quando se trata do financiamento de um imóvel.

No SFA, o cálculo das parcelas é efetuado com utilização da fórmula do modelo básico de renda, pois as prestações são iguais, periódicas, sucessivas e postecipadas.

Convém, entretanto, atentar para o fato de as prestações não serem necessariamente mensais. Elas podem ser mensais, bimestrais, trimestrais ou com outra periodicidade qualquer. Nesse caso, lembre-se de que entre prazo (n) e taxa de juros (i) sempre há uma homogeneidade quanto ao tempo. Assim, se a prestação for bimestral, a taxa deverá ser ao bimestre; se a prestação for semestral, a taxa deverá ser ao semestre, e assim sucessivamente.

Temos, então, para o SFA, as seguintes fórmulas:

$$C = p \cdot \left(\frac{(1+i)^n - 1}{(1+i)^n \cdot i} \right)$$

$J = i \cdot sd$

$p = a + J$

Vamos analisar alguns exemplos.

Exemplo 5.1

Considere que um imóvel foi financiado pelo SFA em 12 parcelas mensais, iguais e sucessivas, vencendo a primeira exatamente um mês após a assinatura do contrato. Foi utilizada uma taxa de juros composto no valor nominal de 10,5% ao ano. O valor do financiamento foi de R$ 800.000,00.

Vamos construir uma planilha mostrando, mês a mês, a prestação, o saldo devedor, os juros e a amortização.

Começamos com o seguinte cálculo:

$$i = 10,5\% \text{ a.a.} = \frac{10,5\%}{12} \text{ a.m.} = 0,875\% \text{ a.m.} = 0,00875 \text{ a.m.}$$

$$C = p \cdot \left(\frac{(1+i)^n - 1}{(1+i)^n \cdot i} \right)$$

$$800.000,00 = p \cdot \frac{(1+0,00875)^{12} - 1}{(1+0,00875)^{12} \cdot 0,00875}$$

$$800.000,00 = p \cdot \frac{0,11020345}{0,00971428}$$

$$800.000,00 = p \cdot 11,34447946734$$

$$p = \frac{800.000,00}{11,34447946734}$$

$$p = 70.518,88$$

Fazendo o cálculo do valor à vista pela HP-12C, pressionamos a seguinte sequência de teclas:

f	REG	
f	2	
800.000.00	CHS	PV
0.875	i	
12	n	
PMT		(No visor, temos 70.518,88)

Portanto, são 12 prestações mensais e iguais a R$ 70.518,88.

Para a construção da planilha solicitada, vamos analisar mês a mês.

Até o momento do pagamento da primeira prestação, o saldo devedor é de R$ 800.000,00, uma vez que estamos considerando inflação igual a zero.

Como o juro é sempre calculado sobre o saldo devedor, para a primeira prestação, o valor do juro é de:

$J = i \cdot sd$
$J = 0,00875 \cdot 800.000,00$
$J = 7.000,00$

Como a prestação é de R$ 70.518,88, podemos calcular o valor que será amortizado após o pagamento da primeira prestação.

$p = a + J$
$70.518,88 = a + 7.000,00$
$a = 70.518,88 - 7.000,00$
$a = 63.518,88$

Então, o novo saldo devedor é de:

$sd = 800.000,00 - 63.518,88$
$sd = 73.6481,12$

Vamos, agora, calcular os juros e o valor da amortização da segunda prestação. Como os juros são sempre calculados sobre o saldo devedor, para a segunda prestação, temos:

$J = i \cdot sd$
$J = 0,00875 \cdot 736.481,12$
$J = 6.444,21$

Como a prestação é de R$ 70.518,88, podemos calcular o valor que será amortizado após o pagamento da segunda prestação.

$p = a + J$
$70.518,88 = a + 6.444,21$
$a = 70.518,88 - 6.444,21$
$a = 64.074,67$

Então, o novo saldo devedor é de:

$sd = 736.481,12 - 64.074,67$
$sd = 672.406,45$

Vamos, agora, calcular os juros e o valor da amortização da terceira prestação. Como os juros são sempre calculados sobre o saldo devedor, para a terceira prestação, temos:

$J = i \cdot sd$
$J = 0,00875 \cdot 672.406,45$
$J = 5.883,56$

Como a prestação é de R$ 70.518,88, podemos calcular o valor que será amortizado após o pagamento da terceira prestação.

$p = a + J$
$70.518,88 = a + 5.883,56$
$a = 64.635,32$
$a = 70.518,88 - 5.883,56$

Então, o novo saldo devedor é de:
$sd = 672.406,45 - 64.074,67$
$sd = 607.771,13$

Vamos, agora, calcular os juros e o valor da amortização da quarta prestação. Como os juros são sempre calculados sobre o saldo devedor, para a quarta prestação, temos:

$J = i \cdot sd$
$J = 0,00875 \cdot 607.771,13$
$J = 5.318,00$

Como a prestação é de R$ 70.518,88, podemos calcular o valor que será amortizado após o pagamento da quarta prestação.

$p = a + J$
$70.518,88 = a + 5.318,00$
$a = 70.518,88 - 5.318,00$
$a = 65.200,88$

Então, o novo saldo devedor é de:
$sd = 607.771,13 - 65.200,00$
$sd = 542.570,25$

Vamos, agora, calcular os juros e o valor da amortização da quinta prestação. Como os juros são sempre calculados sobre o saldo devedor, para a quinta prestação, temos:

$J = i \cdot sd$
$J = 0,00875 \cdot 542.570,25$
$J = 4.747,49$

Como a prestação é de R$ 70.518,88, podemos calcular o valor que será amortizado após o pagamento da quinta prestação.

$p = a + J$
$70.518,88 = a + 4.747,49$
$a = 70.518,88 - 4.747,49$
$a = 65.771,39$

Então, o novo saldo devedor é de:

$sd = 542.570,25 - 65.771,39$

$sd = 476.798,86$

Vamos, agora, calcular os juros e o valor da amortização da sexta prestação. Como os juros são sempre calculados sobre o saldo devedor, para a sexta prestação, temos:

$J = i \cdot sd$

$J = 0,00875 \cdot 476.798,86$

$J = 4.171,99$

Como a prestação é de R$ 70.518,88, podemos calcular o valor que será amortizado após o pagamento da sexta prestação.

$p = a + J$

$70.518,88 = a + 4.171,99$

$a = 70.518,88 - 4.171,99$

$a = 66.346,89$

Então, o novo saldo devedor é de:

$sd = 476.798,86 - 66.346,89$

$sd = 410.451,97$

Vamos, agora, calcular os juros e o valor da amortização da sétima prestação. Como os juros são sempre calculados sobre o saldo devedor, para a sétima prestação, temos:

$J = i \cdot sd$

$J = 0,00875 \cdot 410.451,97$

$J = 3.591,45$

Como a prestação é de R$ 70.518,88, podemos calcular o valor que será amortizado após o pagamento da sétima prestação.

$p = a + J$

$70.518,88 = a + 3.591,45$

$a = 70.518,88 - 3.591,45$

$a = 66.927,43$

Então, o novo saldo devedor é de:

$sd = 410.451,97 - 66.927,43$

$sd = 343.524,54$

Vamos, agora, calcular os juros e o valor da amortização da oitava prestação. Como os juros são sempre calculados sobre o saldo devedor, para a oitava prestação, temos:

$J = i \cdot sd$

$J = 0{,}00875 \cdot 343.524{,}54$

$J = 3.005{,}84$

Como a prestação é de R$ 70.518,88, podemos calcular o valor que será amortizado após o pagamento da oitava prestação.

$p = a + J$

$70.518{,}88 = a + 3.005{,}84$

$a = 70.518{,}88 - 3.005{,}84$

$a = 67.513{,}04$

Então, o novo saldo devedor é de:

$sd = 343.524{,}54 - 67.513{,}04$

$sd = 276.011{,}50$

Vamos, agora, calcular os juros e o valor da amortização da nona prestação. Como os juros são sempre calculados sobre o saldo devedor, para a nona prestação, temos:

$J = i \cdot sd$

$J = 0{,}00875 \cdot 276.011{,}50$

$J = 2.415{,}10$

Como a prestação é de R$ 70.518,88, podemos calcular o valor que será amortizado após o pagamento da nona prestação.

$p = a + J$

$70.518{,}88 = a + 2.415{,}10$

$a = 70.518{,}88 - 2.415{,}10$

$a = 68.103{,}78$

Então, o novo saldo devedor é de:

$sd = 276.011{,}50 - 68.103{,}78$

$sd = 207.907{,}72$

Vamos, agora, calcular os juros e o valor da amortização da décima prestação. Como os juros são sempre calculados sobre o saldo devedor, para a décima prestação, temos:

$J = i \cdot sd$

$J = 0{,}00875 \cdot 207.907{,}72$

$J = 1.819{,}19$

Como a prestação é de R$ 70.518,88, podemos calcular o valor que será amortizado após o pagamento da décima prestação.

p = a + J
70.518,88 = a + 1.819,19
a = 70.518,88 − 1.819,19
a = 68.699,69

Então, o novo saldo devedor é de:

sd = 207.907,72 − 68.699,69
sd = 139.208,03

Vamos, agora, calcular os juros e o valor da amortização da décima primeira prestação. Como os juros são sempre calculados sobre o saldo devedor, para a décima primeira prestação, temos:

J = i · sd
J = 0,00875 · 139.208,03
J = 1.218,07

Como a prestação é de R$ 70.518,88, podemos calcular o valor que será amortizado após o pagamento da décima primeira prestação.

p = a + J
70.518,88 = a + 1.218,07
a = 70.518,88 − 1.218,07
a = 69.300,81

Então, o novo saldo devedor é de:

sd = 139.208,03 − 69.300,81
sd = 69.907,22

Vamos, agora, calcular os juros e o valor da amortização da décima segunda prestação. Como os juros são sempre calculados sobre o saldo devedor, para a décima segunda prestação, temos:

J = i · sd
J = 0,00875 · 69.907,22
J = 611,69

Como a prestação é de R$ 70.518,88, poderemos calcular o valor que será amortizado após o pagamento da décima segunda prestação.

p = a + J
70.518,88 = a + 611,69
a = 70.518,88 − 611,69
a = 69.907,19

Então, o novo saldo devedor é de:

sd = 69.907,22 − 69.907,19
sd = 0,03 (Os centavos se devem ao arredondamento ao longo do processo)

Veja a Tabela 5.1, em que estão detalhadas todas as variáveis durante todo o prazo de financiamento.

Tabela 5.1 – Planilha do Exemplo 5.1

Número da parcela	Valor da parcela	Amortização	Juros da parcela	Saldo devedor
0	-	-	-	800.000,00
1	70.518,88	63.518,88	7.000,00	736.481,12
2	70.518,88	64.074,67	6.444,21	672.406,45
3	70.518,88	64.635,32	5.883,56	607.771,13
4	70.518,88	65.200,88	5.318,00	542.570,25
5	70.518,88	65.771,39	4.747,49	476.798,86
6	70.518,88	66.346,89	4.171,99	410.451,97
7	70.518,88	66.927,43	3.591,45	343.524,54
8	70.518,88	67.513,04	3.005,84	276.011,50
9	70.518,88	68.103,78	2.415,10	207.907,72
10	70.518,88	68.699,69	1.819,19	139.208,03
11	70.518,88	69.300,81	1.218,07	69.907,22
12	70.518,88	69.907,22	611,69	0,00
Σ[1]	846.226,56	800.000,00	46.226,59	

[1] Nota: Σ significa "somatório".

Fazendo o cálculo pela HP-12C, pressionamos a seguinte sequência de teclas:

f	REG	
f	2	
800000.00	CHS	PV
0.875	i	
12	n	
PMT		(No visor, temos as prestações = 70.518,88)
1	f	AMORT (No visor, temos o valor dos juros = 7.000,00)
x≥y		(No visor, temos a amortização = 63.518,88)
RCL	PV	(No visor, temos o novo saldo devedor = 736.481,12)

Esse procedimento deve ser repetido para cada uma das prestações, e a planilha deve ser preenchida passo a passo.

Exemplo 5.2

Imagine o seguinte cenário: um banco de investimento emprestou R$ 500.000,00 a uma empresa pelo SFA, sem correção monetária, nas seguintes condições:

- carência de 6 meses;
- 5 parcelas iguais e sucessivas, vencendo a primeira no final da carência;
- taxa de juros compostos, efetiva, igual a 28,5% ao ano;
- durante a carência, os juros serão incorporados mês a mês ao capital, mas só serão pagos juntamente com as 5 parcelas.

Com base nessas informações, vamos montar uma planilha detalhando, mês a mês, o valor das parcelas, o valor das amortizações, o valor dos juros e os valores dos saldos devedores.

O primeiro passo é determinar o valor da taxa de juros mensal.

$i_t = 28,5\%$ a.a.
$i_q = ?$
$t = 1$ a. $= 12$ m.
$q = 1$ m.
$i_q = (1 + i_t)^{q/t} - 1$
$i_q = (1 + 0,285)^{1/12} - 1$
$i_q = 0,02111642$ a.m. $= 2,111642\%$ a.m.

Fazendo o cálculo pela HP-12C, pressionamos a seguinte sequência de teclas:

```
f      REG
f      6
100    CHS    PV
128.5  FV
12     n
i              (No visor, temos 2,111642)
```

Agora, vamos calcular o valor da dívida ao final do quinto mês. Como a carência é de 6 meses e como, ao final dessa carência, já será paga a primeira prestação, para a utilização da fórmula do modelo básico de renda, vamos calcular o valor da dívida um mês antes do final da carência. Portanto:

$$M = C \cdot (1 + i)^n$$
$$M = 500.000,00 \cdot (1 + 0,02111642)^5$$
$$M = 500.000,00 \cdot 1,11013629$$
$$M = 555.068,14$$

Fazendo o cálculo pela HP-12C, pressionamos a seguinte sequência de teclas:

500000.00	CHS	PV
5	n	
2.111642	i	
FV		(No visor, temos 555.068,14)

O próximo passo é calcular o valor das prestações, devendo-se lembrar que a primeira será paga ao final da carência. Portando, precisamos utilizar a fórmula:

$$C = p \cdot \left(\frac{(1+i)^n - 1}{(1+i)^n \cdot i} \right)$$

$$555.068,14 = p \cdot \left(\frac{(1+i)^n - 1}{(1+i)^n \cdot i} \right)$$

$$555.068,14 = p \cdot \frac{(1+0,02111642)^5 - 1}{(1+0,02111642)^5 \cdot 0,02111642}$$

$$555.068,14 = p \cdot \frac{0,110136289}{0,023442104}$$

$$555.068,14 = p \cdot 4,69822542$$

$$p = \frac{555.068,14}{4,69822542}$$

$$p = 118.144,21$$

Fazendo o cálculo pela HP-12C, pressionamos a seguinte sequência de teclas:

f	REG		
f	2		
555068.14	CHS	PV	
2.111642	i		
5	n		
PMT			(No visor, temos 118.144,21)
1	f	AMORT	(No visor, temos o valor dos juros = 11.721,05)

x≥y			(No visor, temos a amortização = 106.423,16)
RCL	PV		(No visor, temos o novo saldo devedor = 448.644,98)
1	f	AMORT	(No visor, temos o valor dos juros = 9.473,78)
x≥y			(No visor, temos a amortização = 108.670,43)
RCL	PV		(No visor, temos o novo saldo devedor = 339.974,55)
1	f	AMORT	(No visor, temos o valor dos juros = 7.179,05)
x≥y			(No visor, temos a amortização = 110.965,16)
RCL	PV		(No visor, temos o novo saldo devedor = 229.009,39)
1	f	AMORT	(No visor, temos o valor dos juros = 4.835,86)
x≥y			(No visor, temos a amortização = 113.308,35)
RCL	PV		(No visor, temos o novo saldo devedor = 117.701,02)
1	f	AMORT	(No visor, temos o valor dos juros = 2.443,19)
x≥y			(No visor, temos a amortização = 115.701,02)
RCL	PV		(No visor, temos o novo saldo devedor = 0,02) (Os centavos se devem ao arredondamento ao longo do processo; veja a Tabela 5.2)

Tabela 5.2 – Planilha do Exemplo 5.2

Meses	Valor da parcela	Amortização	Juros da parcela	Saldo devedor
0	0	-	-	500.000,00
1	0	-	-	510.558,21
2	0	-	-	521.339,37
3	0	-	-	532.348,19
4	0	-	-	543.589,48
5	0	-	-	555.068,14
6	118.144,21	106.423,16	11.721,05	448.644,98
7	118.144,21	108.670,43	9.473,78	339.974,55
8	118.144,21	110.965,16	7.179,05	229.009,39
9	118.144,21	113.308,35	4.835,86	117.701,02
10	118.144,21	115.701,02	2.443,19	0
Σ		555.068,12		

5.2 Sistema de Amortização Constante (SAC)

Verificamos que uma parcela (prestação) é formada por duas partes: os juros e a amortização do capital.

O Sistema de Amortização Constante (SAC), também conhecido como *Sistema Hamburguês*, tem as parcelas de amortização constantes durante todo o período de amortização da dívida. Logo, para conhecer o valor da amortização que compõe cada parcela, basta utilizar a fórmula:

$$a = \frac{C}{n}$$

Nessa fórmula:

- C = capital emprestado/financiado
- n = número de parcelas (prestações)
- a = valor de cada amortização

Tal como no SFA, no SAC são válidas as fórmulas:

$$p = a + J$$
$$J = i \cdot sd$$

Toda vez que uma parcela é paga, o saldo devedor diminui. Como o juro é calculado sempre sobre o saldo devedor, à medida que esse saldo diminui, o valor da parcela também diminui, uma vez que a amortização é constante. O SAC é amplamente utilizado em financiamentos imobiliários.

Vamos, então, analisar alguns exemplos. Continuamos supondo que não há correção monetária.

Exemplo 5.3

Considere que um imóvel foi financiado pelo SAC em 12 parcelas mensais, iguais e sucessivas, vencendo a primeira exatamente um mês após a assinatura do contrato. Foi utilizada uma taxa de juros compostos no valor nominal de 10,5% ao ano. O valor do financiamento foi de R$ 800.000,00.

Elabore uma planilha mostrando, mês a mês, a prestação, o saldo devedor, os juros e a amortização.

$$i = 10{,}5\% \text{ a.a.} = \frac{10{,}5\%}{12} \text{ a.m.} = 0{,}875\% \text{ a.m.} = 0{,}00875 \text{ a.m.}$$

Primeiramente, vamos calcular o valor da amortização mês a mês.

$$a = \frac{C}{n}$$

$$a = \frac{800.000{,}00}{12}$$

$$a = 66.666{,}67 \text{ ao mês}$$

Agora, vamos calcular os valores das 12 parcelas. Como até o pagamento da primeira parcela a dívida é de R$ 800.000,00, o valor dos juros na primeira parcela é de:

$J = i \cdot sd$
$J = 0,00875 \cdot 800.000,00$
$J = 7.000,00$

Então, a primeira prestação será igual a:

$p = a + J$
$p = 66.666,67 + 7.000,00$
$p = 73.666,67$

Temos que o novo saldo devedor é de:

$sd = 800.000,00 - 66.666,67 = 733.333,33$

Para o cálculo da segunda parcela, os juros incidirão sobre o novo saldo devedor. Temos:

$J = i \cdot sd$
$J = 0,00875 \cdot 733.333,33$
$J = 6.416,67$

Então, a segunda prestação será igual a:

$p = a + J$
$p = 66.666,67 + 6.416,67$
$p = 73.083,34$

Temos que o novo saldo devedor é de:

$sd = 733.333,33 - 66.666,67 = 666.666,66$

Para o cálculo da terceira prestação, os juros incidirão sobre o novo saldo devedor. Temos:

$J = i \cdot sd$
$J = 0,00875 \cdot 666.666,66$
$J = 5.833,33$

Então, a terceira prestação será igual a:

$p = a + J$
$p = 66.666,67 + 5.833,33$
$p = 72.500,00$

Temos que o novo saldo devedor é de:

sd = 666.666,66 − 66.666,67 = 599.999,99

Para o cálculo da quarta prestação, os juros incidirão sobre o novo saldo devedor. Temos:

J = i · sd
J = 0,00875 · 599.999,99
J = 5.250,00

Então, a quarta prestação será igual a:

p = a + J
p = 66.666,67 + 5.250,00
p = 71.916,67

Temos que o novo saldo devedor é de:

sd = 599.999,99 − 66.666,67 = 533.333,32

Para o cálculo da quinta prestação, os juros incidirão sobre o novo saldo devedor. Temos:

J = i · sd
J = 0,00875 · 533.333,32
J = 4.666,67

Então, a quinta prestação será igual a:

p = a + J
p = 66.666,67 + 4.666,67
p = 71.333,34

Temos que o novo saldo devedor é de:

sd = 533.333,32 − 66.666,67 = 466.666,65

Para o cálculo da sexta prestação, os juros incidirão sobre o novo saldo devedor. Temos:

J = i · sd
J = 0,00875 · 466.666,65
J = 4.083,33

Então, a sexta prestação será igual a:

p = a + J
p = 66.666,67 + 4.083,33
p = 70.750,00

Temos que o novo saldo devedor é de:

sd = 466.666,65 − 66.666,67 = 399.999,98

Para o cálculo da sétima prestação, os juros incidirão sobre o novo saldo devedor. Temos:

J = i · sd
J = 0,00875 · 399.999,98
J = 3.500,00

Então, a sétima prestação será igual a:

p = a + J
p = 66.666,67 + 3.500,00
p = 70.166,67

Temos que o novo saldo devedor é de:

sd = 399.999,98 − 66.666,67 = 333.333,31

Para o cálculo da oitava prestação, os juros incidirão sobre o novo saldo devedor. Temos:

J = i · sd
J = 0,00875 · 333.333,31
J = 2.916,67

Então, a oitava prestação será igual a:

p = a + J
p = 66.666,67 + 2.916,67
p = 69.583,34

Temos que o novo saldo devedor é de:

sd = 333.333,31 − 66.666,67 = 266.666,64

Para o cálculo da nona prestação, os juros incidirão sobre o novo saldo devedor. Temos:

J = i · sd
J = 0,00875 · 266.666,64
J = 2.333,33

Então, a nona prestação será igual a:

p = a + J
p = 66.666,67 + 2.333,33
p = 69.000,00

Temos que o novo saldo devedor é de:

sd = 266.666,64 − 66.666,67 = 199.999,97

Para o cálculo da décima prestação, os juros incidirão sobre o novo saldo devedor. Temos:

J = i · sd
J = 0,00875 · 199.999,97
J = 1.750,00

Então, a décima prestação será igual a:

p = a + J
p = 66.666,67 + 1.750,00
p = 68.416,67

Temos que o novo saldo devedor é de:

sd = 199.999,97 − 66.666,67 = 133.333,30

Para o cálculo da décima primeira prestação, os juros incidirão sobre o novo saldo devedor. Temos:

J = i · sd
J = 0,00875 · 133.333,30
J = 1.166,67

Então, a décima primeira prestação será igual a:

p = a + J
p = 66.666,67 + 1.166,67
p = 67.833,34

Temos que o novo saldo devedor é de:

sd = 133.333,30 − 66.666,67 = 66.666,63

Para o cálculo da décima segunda prestação, os juros incidirão sobre o novo saldo devedor. Temos:

J = i · sd
J = 0,00875 · 66.666,63
J = 583,33

Então, a décima segunda prestação será igual a:

p = a + J
p = 66.666,67 + 583,33
p = 67.250,00

Para visualizarmos mais facilmente todos esses cálculos, vamos montar uma planilha. Observe que, após o pagamento da décima segunda e última prestação, o saldo devedor está zerado. Veja a Tabela 5.3.

Tabela 5.3 – Planilha do Exemplo 5.3

Meses	Valor da parcela	Amortização	Juros da parcela	Saldo devedor
0	-	-	-	800.000,00
1	73.666,67	66.666,67	7.000,00	733.333,33
2	73.083,34	66.666,67	6.416,67	666.666,66
3	72.500,00	66.666,67	5.833,33	599.999,99
4	71.916,67	66.666,67	5.250,00	533.333,32
5	71.333,34	66.666,67	4.666,67	466.666,65
6	70.750,00	66.666,67	4.083,33	399.999,98
7	70.166,67	66.666,67	3.500,00	333.333,31
8	69.583,34	66.666,67	2.916,67	266.666,64
9	69.000,00	66.666,67	2.333,33	199.999,97
10	68.416,67	66.666,67	1.750,00	133.333,30
11	67.833,34	66.666,67	1.166,67	66.666,63
12	67.250,00	66.666,67	583,33	0,00
∑	845.500,04	800.000,00	45.500,00	

Exemplo 5.4

Imagine o seguinte cenário: um banco de investimento emprestou 500.000,00 a uma empresa pelo SAC, sem correção monetária, nas seguintes condições:

- carência de 6 meses;
- 5 parcelas iguais e sucessivas, vencendo a primeira no final da carência;
- taxa de juros compostos, efetiva, igual a 28,5% ao ano;
- durante a carência, os juros serão incorporados mês a mês ao capital, mas só serão pagos juntamente com as 5 parcelas.

Com base nessas informações, monte uma planilha detalhando, mês a mês, o valor das parcelas, o valor das amortizações, o valor dos juros e o valor de cada saldo devedor.

O primeiro passo é determinar o valor da taxa de juros mensal.

$i_t = 28,5\%$ a.a.
$i_q = ?$
$t = 1$ a. $= 12$ m.
$q = 1$ m.
$i_q = (1 + i_t)^{q/t} - 1$
$i_q = (1 + 0,285)^{1/12} - 1$
$i_q = 0,02111642$ a.m. $= 2,111642\%$ a.m.

Fazendo o cálculo do valor à vista pela HP-12C, pressionamos a seguinte sequência de teclas:

f	REG	
f	6	
100	CHS	PV
128.5	FV	
12	n	
i		(No visor, temos 2,111642)

Agora, vamos calcular o valor da dívida ao final do quinto mês. Como a carência é de 6 meses e como, ao final dessa carência, já será paga a primeira prestação, devemos lembrar que no SAC a primeira parcela é paga um mês após a assinatura do contrato. Por isso, precisamos conhecer o valor da dívida ao final do quinto mês.

$M = C \cdot (1 + i)^n$
$M = 500.000,00 \cdot (1 + 0,02111642)^5$
$M = 500.000,00 \cdot 1,11013629$
$M = 555.068,14$

Fazendo o cálculo do valor à vista pela HP-12C, pressionamos a seguinte sequência de teclas:

500000.00	CHS	PV
5	n	
2.111642	i	
FV		(No visor, temos 555.068,14)

Então, vamos calcular o valor da amortização mês a mês.

$a = \dfrac{C}{n}$

$a = \dfrac{555068,14}{5}$

$a = 111013,63$ ao mês

Agora, vamos calcular o valor do juro relativo à primeira prestação. No momento do pagamento dessa prestação, a dívida ainda é de R$ 555.068,14.

Assim, o juro correspondente é:

$J = i \cdot sd$
$J = 0,02111642 \cdot 555.068,14$
$J = 11.721,05$

Como p = a + J, temos:

p = 111.013,63 + 11.721,05
p = 122.734,68

Então, o novo saldo devedor é de:

sd = 555.068,14 − 111.013,63
sd = 444.054,51

Vamos calcular o valor do juro correspondente à segunda prestação.

J = i · sd
J = 0,02111642 · 444.054,51
J = 9.376,84

Como p = a + J, temos:

p = 111.013,63 + 9.376,84
p = 120.390,47

Então, o novo saldo devedor é de:

sd = 444.054,51 − 111.013,63
sd = 333.040,88

Vamos calcular o valor do juro correspondente à terceira prestação.

J = i · sd
J = 0,02111642 · 333.040,88
J = 7.032,63

Como p = a + J, temos:

p = 111.013,63 + 7.032,63
p = 118.046,26

Então, o novo saldo devedor é de:

sd = 333.040,88 − 111.013,63
sd = 222.027,25

Vamos calcular o valor do juro correspondente à quarta prestação.

J = i · sd
J = 0,02111642 · 222.027,25
J = 4.688,42

Como p = a + J, temos:

p = 111.013,63 + 4.688,42
p = 115.702,05

Então, o novo saldo devedor é de:

sd = 222.027,25 − 111.013,63
sd = 111.013,62

Vamos calcular o valor do juro correspondente à quinta prestação.

J = i · sd
J = 0,02111642 · 111.013,62
J = 2.344,21

Como p = a + J, temos:

p = 111.013,63 + 2.344,21
p = 113.357,84

Então, o novo saldo devedor é de:

sd = 111.013,62 − 111.013,63
sd = (0,01)

Para visualizarmos mais facilmente todos esses cálculos, vamos montar uma planilha. Veja a Tabela 5.4.

Tabela 5.4 – Planilha do Exemplo 5.4

Meses	Valor da parcela	Amortização	Juros da parcela	Saldo devedor
0	0	-	-	500.000,00
1	0	-	-	510.558,21
2	0	-	-	521.339,37
3	0	-	-	532.348,19
4	0	-	-	543.589,48
5	0	-	-	555.068,14
6	122.734,68	111.013,63	11.721,05	444.054,51
7	120.390,47	111.013,63	9.376,84	333.040,88
8	118.046,26	111.013,63	7.032,63	222.027,25
9	115.702,05	111.013,63	4.688,42	111.013,62
10	113.357,84	111.013,63	2.344,21	0,00
Σ		555.068,15		

5.3 Sistema de Amortização Misto (SAM)

O Sistema de Amortização Misto (SAM) é uma combinação entre os dois sistemas estudados anteriormente, ou seja, o SAM é um misto entre o SFA (ou Sistema Price) e o SAC.

Como se calculam os valores das prestações de um financiamento pelo SAM?

O primeiro passo é realizar os cálculos das prestações para o SFA. O segundo passo é realizar os cálculos das prestações para o SAC. A seguir, realizam-se os cálculos para o SAM, sendo que cada uma das variáveis (juros, amortização, prestação, saldo devedor) é a média aritmética das variáveis dos outros dois sistemas. Portanto:

$$p_{SAM} = \frac{p_{SFA} + p_{SAC}}{2}$$

$$J_{SAM} = \frac{J_{SFA} + J_{SAC}}{2}$$

$$a_{SAM} = \frac{a_{SFA} + a_{SAC}}{2}$$

$$sd_{SAM} = \frac{sd_{SFA} + sd_{SAC}}{2}$$

Vamos usar os Exemplos 5.1 e 5.3, resolvidos anteriormente para o SFA e o SAC, respectivamente, e realizar os cálculos para o SAM.

Exemplo 5.5

Um imóvel foi financiado pelo SAM em 12 parcelas mensais, iguais e sucessivas, vencendo a primeira exatamente um mês após a assinatura do contrato. Foi utilizada uma taxa de juros compostos no valor nominal de 10,5% ao ano. O valor do financiamento foi de R$ 800.000,00.

Vamos utilizar os valores das Tabelas 5.1 e 5.3 para a construção da Tabela 5.5, evitando a realização de todos os cálculos novamente.

Devemos lembrar que a taxa de juros mensal é igual a $\frac{10,5\%}{12} = 0,875\%$ a.m.

Por exemplo, para o SAM, o valor da primeira prestação é:

$$p_{SAM} = \frac{p_{SFA} + p_{SAC}}{2}$$

$$p_{SAM} = \frac{70.518,88 + 73.666,67}{2}$$

$$p_{SAM} = 72.092,78$$

Procedemos da mesma forma para o cálculo de cada prestação, de cada amortização, de cada saldo devedor e de cada parcela de juros.

Veja na Tabela 5.5, a seguir, como ficaram os valores.

Tabela 5.5 – Planilha do Exemplo 5.5

Meses	Valor da parcela	Amortização	Juros da parcela	Saldo devedor
0	-	-	-	800.000,00
1	72.092,78	65.092,78	7.000,00	734.907,23
2	71.801,11	65.370,67	6.430,44	669.536,56
3	71.509,44	65.651,00	5.858,45	603.885,56
4	71.217,78	65.933,78	5.284,00	537.951,79
5	70.926,11	66.219,03	4.707,08	471.732,76
6	70.634,44	66.506,78	4.127,66	405.225,98
7	70.342,78	66.797,05	3.545,73	338.428,93
8	70.051,11	67.089,86	2.961,26	271.339,07
9	69.759,44	67.385,23	2.374,22	203.953,85
10	69.467,78	67.683,18	1.784,60	136.270,67
11	69.176,11	67.983,74	1.192,37	68.286,93
12	68.884,44	68.286,95	597,51	0,00
$\sum$	845.863,32	800.000,00	45.863,32	

O que podemos observar ao compararmos as Tabelas 5.1, 5.3 e 5.5?

No SFA, as prestações são fixas; já no SAC, as amortizações é que são fixas e as prestações diminuem mês a mês. No SAM, as prestações também diminuem mês a mês, mas nenhuma variável é fixa.

Comparando o SAM com o SFA e com o SAC, percebemos que há vantagens e desvantagens. No SAM, os juros são menores do que no SFA e as primeiras parcelas não são tão altas como no SAC. Entretanto, apesar do juro no SAM ser menor que no SFA, ele é maior que no SAC.

Veja a Tabela 5.6 e compare o total pago e os juros ao longo dos 12 meses nos três sistemas de amortização.

Tabela 5.6 – Comparativo dos totais e dos juros pagos nos três sistemas

	Total pago	Total dos juros
SFA	846.226,56	46.226,59
SAC	845.500,04	45.500,00
SAM	845.863,32	45.863,32

No SAC, o valor total é menor, porque o total de juros pagos é menor. Todavia, no SAC, as parcelas iniciais são as mais altas quando comparados os três sistemas, o que compromete mais o orçamento de quem faz o empréstimo ou financiamento.

A grande vantagem do SAM em relação aos outros dois sistemas é que, no SAM, se pagam menos juros que no SFA e as parcelas iniciais não são tão elevadas como no SAC.

5.4 Sistema de Amortização Crescente (Sacre)

Quando um perito necessita realizar os cálculos relativos a um sistema de financiamento, deve conhecer o que diferencia um sistema de amortização de outro. Um sistema muito utilizado para financiamento imobiliário é o Sistema de Amortização Crescente (Sacre), que é uma mescla entre o SAC e o SFA, em desuso entre nós.

No Sacre, tal como no SAC, as prestações mensais são variáveis e decrescentes. À medida que as prestações são pagas, o saldo devedor vai diminuindo e, consequentemente, os juros também vão diminuindo. Assim como ocorre no Sistema Price, as amortizações no Sacre são crescentes ao longo do contrato de financiamento.

No Sacre, a cada 12 meses, as prestações são fixas e, ao final de cada interstício de 12 meses, as prestações são recalculadas. Como o saldo devedor é menor após o pagamento de 12 prestações, as próximas 12 prestações serão menores.

Mas como calcular o valor da primeira parcela, ou seja, das 12 primeiras parcelas? Para tal, fazemos o cálculo como no SAC.

O primeiro passo consiste em dividir o saldo devedor, que, no início, corresponde ao total do valor financiado, pela quantidade total de meses prevista no contrato de financiamento. Por exemplo, se você fez um financiamento de 10 anos, divida o valor do saldo devedor por 120 meses. Assim, você obtém o valor da amortização da primeira prestação.

A seguir, como segundo passo, calcule os juros como nos demais sistemas de amortização, ou seja, $J = i \cdot sd$.

No terceiro passo, calcule o valor das primeiras 12 prestações somando o valor da amortização ao valor dos juros. Dessa forma, você poderá montar uma planilha detalhando as 12 primeiras prestações.

Vamos analisar um exemplo.

Exemplo 5.6

Um imóvel foi financiado pelo Sacre em 12 parcelas mensais, iguais e sucessivas, vencendo a primeira exatamente um mês após a assinatura do contrato. Foi utilizada uma taxa de juros compostos no valor nominal de 10,5% ao ano. O valor do financiamento foi de R$ 800.000,00.

Elabore uma planilha mostrando, mês a mês, a prestação, o saldo devedor, os juros e a amortização.

$$i = 10,5\% \text{ a.a.} = \frac{10,5\%}{12} \text{ a.m.} = 0,875\% \text{ a.m.} = 0,00875 \text{ a.m.}$$

Temos, então:

$$a = \frac{C}{n}$$

$$a = \frac{800.000,00}{12}$$

a = 66.666,67

J = i · sd

J = 0,00875 · 800.000,00

J = 7.000,00

p = a + J

p = 66.666,67 + 7.000,00

p = 73.666,67

Esse é o valor das 12 prestações.

Após o pagamento da primeira prestação, o novo saldo devedor será de:

sd = 800.000,00 − 66.666,67

sd = 733.333,33

Então, como a segunda prestação é igual a 73.666,67, temos que:

J = i · sd

J = 0,00875 · 733.333,33

J = 6.416,67

p = a + J

a = p − J

a = 73.666,67 − 6.416,67

a = 67.250,00

Após o pagamento da segunda prestação, o novo saldo devedor será de:

sd = 733.333,33 − 67.250,00

sd = 666.083,33

Então, como a terceira prestação é igual a 73.666,67, temos que:

J = i · sd

J = 0,00875 · 666.083,33

J = 5.828,23

p = a + J

a = p − J

a = 73.666,67 − 5.828,23

a = 67.838,44

Após o pagamento da terceira prestação, o novo saldo devedor será de:

sd = 666.083,33 – 67.838,44
sd = 598.244,89

Então, como a quarta prestação é igual a 73.666,67, temos que:

J = i · sd
J = 0,00875 · 598.244,89
J = 5.234,64
p = a + J
a = p – J
a = 73.666,67 – 5.234,64
a = 68.432,03

Após o pagamento da quarta prestação, o novo saldo devedor será de:

sd = 598.244,89 – 68.432,03
sd = 529.812,86

Então, como a quinta prestação é igual a 73.666,67, temos que:

J = i · sd
J = 0,00875 · 529.812,86
J = 4.635,86
p = a + J
a = p – J
a = 73.666,67 – 4.635,86
a = 69.030,81

Após o pagamento da quinta prestação, o novo saldo devedor será de:

sd = 529.812,86 – 69.030,81
sd = 460.782,05

Então, como a sexta prestação é igual a 73.666,67, temos que:

J = i · sd
J = 0,00875 · 460.782,05
J = 4.031,84
p = a + J
a = p – J
a = 73.666,67 – 4.031,84
a = 69.634,83

Após o pagamento da sexta prestação, o novo saldo devedor será de:

sd = 460.782,05 − 69.634,83
sd = 391.147,22

Então, como a sétima prestação é igual a 73.666,67, temos que:

$J = i \cdot sd$
$J = 0,00875 \cdot 391.147,22$
$J = 3.422,54$
$p = a + J$
$a = p - J$
$a = 73.666,67 - 3.422,54$
$a = 70.244,13$

Após o pagamento da sétima prestação, o novo saldo devedor será de:

sd = 391.147,22 − 70.244,13
sd = 320.903,09

Então, como a oitava prestação é igual a 73.666,67, temos que:

$J = i \cdot sd$
$J = 0,00875 \cdot 320.903,09$
$J = 2.807,90$
$p = a + J$
$a = p - J$
$a = 73.666,67 - 2.807,90$
$a = 70.858,77$

Após o pagamento da oitava prestação, o novo saldo devedor será de:

sd = 320.903,09 − 70.858,77
sd = 250.044,32

Então, como a nona prestação é igual a 73.666,67, temos que:

$J = i \cdot sd$
$J = 0,00875 \cdot 250.044,32$
$J = 2.187,89$
$p = a + J$
$a = p - J$
$a = 73.666,67 - 2.187,89$
$a = 71.478,78$

Após o pagamento da nona prestação, o novo saldo devedor será de:

sd = 250.044,32 − 71.478,78
sd = 178.565,54

Então, como a décima prestação é igual a 73.666,67, temos que:

J = i · sd
J = 0,00875 · 178.565,54
J = 1.562,45
p = a + J
a = p − J
a = 73.666,67 − 1.562,45
a = 72.104,22

Após o pagamento da décima prestação, o novo saldo devedor será de:

sd = 178.565,54 − 72.104,22
sd = 106.461,32

Então, como a décima primeira prestação é igual a 73.666,67, temos que:

J = i · sd
J = 0,00875 · 106.461,32
J = 931,54
p = a + J
a = p − J
a = 73.666,67 − 931,54
a = 72.735,13

Após o pagamento da décima primeira prestação, o novo saldo devedor será de:

sd = 106.461,32 − 72.735,13
sd = 33.726,19

Então, como a décima segunda prestação é igual a 73.666,67, temos que:

J = i · sd
J = 0,00875 · 33.726,19
J = 295,10

Como o saldo devedor é de 33.726,19 e como a prestação é de 73.666,67, o novo saldo devedor seria negativo no valor de 39.645,38. Por essa razão, a amortização da última prestação será de apenas 33.726,19 e o saldo devedor será igual a zero.

Veja na Tabela 5.7 todos esses valores lançados.

Tabela 5.7 – Planilha do Exemplo 5.6

Meses	Valor da parcela	Amortização	Juros da parcela	Saldo devedor
0	-	-	-	800.000,00
1	73.666,67	66.666,67	7.000,00	733.333,33
2	73.666,67	67.250,00	6.416,67	666.083,33
3	73.666,67	67.838,44	5.828,23	598.244,89
4	73.666,67	68.432,03	5.234,64	529.812,86
5	73.666,67	69.030,81	4.635,86	460.782,05
6	73.666,67	69.634,83	4.031,84	391.147,22
7	73.666,67	70.244,13	3.422,54	320.903,09
8	73.666,67	70.858,77	2.807,90	250.044,32
9	73.666,67	71.478,78	2.187,89	178.565,54
10	73.666,67	72.104,22	1.562,45	106.461,32
11	73.666,67	72.735,13	931,54	33.726,19
12	73.666,67	33.726,19	295,10	0,00
$\sum$	884.000,04	800.000,00	44.354,66	

Observe que a diferença entre o total das prestações e o total da amortização deveria ser igual a R$ 84.000,04.

Como os juros da última parcela foram de apenas R$ 295,10, mas a décima segunda prestação paga foi de 73.666,67, temos que, na realidade, os juros da última parcela foram de R$ 39.940,48. Teríamos um saldo devedor negativo de R$ 39.645,38.

Exemplo 5.7

Vamos agora resolver o exemplo anterior supondo que o número de parcelas fosse igual a 24. Veja o novo enunciado.

Um imóvel foi financiado pelo Sacre em 24 parcelas mensais, iguais e sucessivas, vencendo a primeira exatamente um mês após a assinatura do contrato. Foi utilizada uma taxa de juros compostos no valor nominal de 10,5% ao ano. O valor do financiamento foi de R$ 800.000,00.

Elabore uma planilha mostrando, mês a mês, a prestação, o saldo devedor, os juros e a amortização.

$$i = 10,5\% \text{ a.a.} = \frac{10,5\%}{12} \text{ a.m.} = 0,875\% \text{ a.m.} = 0,00875 \text{ a.m.}$$

Temos, então:

$$a = \frac{C}{n}$$

$$a = \frac{800.000,00}{24}$$

$a = 33.333,33$

$J = i \cdot sd$

$J = 0,00875 \cdot 800.000,00$

$J = 7.000,00$

$p = a + J$

$p = 33.333,33 + 7.000,00$

$p = 40.333,33$

Esse é o valor das 12 prestações.

Após o pagamento da primeira prestação, o novo saldo devedor será de:

$sd = 800.000,00 - 33.333,33$

$sd = 766.666,67$

Então, como a segunda prestação é igual a R$ 40.333,33, temos que:

$J = i \cdot sd$

$J = 0,00875 \cdot 766.666,67$

$J = 6.708,33$

$p = a + J$

$a = p - J$

$a = 40.333,33 - 6.708,33$

$a = 33.625,00$

Como os cálculos são semelhantes aos do exemplo anterior, vamos representar na Tabela 5.8 os dados relativos aos primeiros 12 meses.

Tabela 5.8 – Planilha do Exemplo 5.7 (parte 1)

Meses	Valor da parcela	Amortização	Juros da parcela	Saldo devedor
0	-	-	-	800.000,00
1	40.333,33	33.333,33	7.000,00	766.666,67
2	40.333,33	33.625,00	6.708,33	733.041,67
3	40.333,33	33.919,22	6.414,11	699.122,45
4	40.333,33	34.216,01	6.117,32	664.906,44
5	40.333,33	34.515,40	5.817,93	630.391,03
6	40.333,33	34.817,41	5.515,92	595.573,62
7	40.333,33	35.122,06	5.211,27	560.451,56
8	40.333,33	35.429,38	4.903,95	525.022,18
9	40.333,33	35.739,39	4.593,94	489.282,79
10	40.333,33	36.052,11	4.281,22	453.230,68
11	40.333,33	36.367,56	3.965,77	416.863,11
12	40.333,33	36.685,78	3.647,55	380.177,33
$\sum$	483.999,96	419.822,65	64.177,31	-

Agora é hora de calcular o valor das próximas 12 prestações. Neste ponto, o saldo devedor é de R$ 380.177,33. Então, a parcela de amortização da décima terceira prestação será igual a:

$$a = \frac{380.177,33}{12}$$

$$a = 31.681,44$$

Os juros da décima terceira prestação serão de:

$$J = i \cdot sd$$
$$J = 0,00875 \cdot 380.177,33$$
$$J = 3.326,55$$

Logo, a décima terceira prestação será de:

$$p = a + J$$
$$p = 31.681,44 + 3.326,55$$
$$p = 35.007,99$$

O novo saldo devedor será de:

$$sd = 380.177,33 - 31.681,44$$
$$sd = 348.495,89$$

E assim por diante. Na Tabela 5.9, você tem uma visão geral dos valores relativos às 12 últimas prestações.

Tabela 5.9 – Planilha do Exemplo 5.7 (parte 2)

Meses	Valor da parcela	Amortização	Juros da parcela	Saldo devedor
∑	483.999,96	419.822,65	64.177,31	
13	35.007,99	31.681,44	3.326,55	348.495,89
14	35.007,99	31.958,65	3.049,34	316.537,24
15	35.007,99	32.238,29	2.769,70	284.298,95
16	35.007,99	32.520,37	2.487,62	251.778,58
17	35.007,99	32.804,93	2.203,06	218.973,65
18	35.007,99	33.091,97	1.916,02	185.881,68
19	35.007,99	33.381,53	1.626,46	152.500,15
20	35.007,99	33.673,61	1.334,38	118.826,54
21	35.007,99	33.968,26	1.039,73	84.858,28
22	35.007,99	34.265,48	742,51	50.592,80
23	35.007,99	34.565,30	442,69	16.027,50
24	35.007,99	16.027,50	140,24	0
∑	904.095,84	799.999,98	104.095,86	-

Observe que a diferença entre o total das prestações e o total da amortização deveria ser igual a R$ 104.095,86.

Como os juros da última parcela foram de apenas R$ 140,24, mas a vigésima quarta prestação paga foi de R$ 35.007,99, temos que, na realidade, os juros da última parcela foram de R$ 18.980,49.

Exemplo 5.8

Imagine o seguinte cenário: um banco de investimento emprestou R$ 500.000,00 a uma empresa pelo Sacre, sem correção monetária, nas seguintes condições:

- carência de 6 meses;
- 5 parcelas iguais e sucessivas, vencendo a primeira no final da carência;
- taxa de juros compostos, efetiva, igual a 28,5% ao ano;
- durante a carência, os juros serão incorporados mês a mês ao capital, mas só serão pagos juntamente com as 5 parcelas.

Com base nessas informações, monte uma planilha detalhando, mês a mês, o valor das parcelas, o valor das amortizações, o valor dos juros e o valor de cada saldo devedor.

O primeiro passo é determinar o valor da taxa de juros mensal.

$i_t = 28,5\%$ a.a.
$i_q = ?$
$t = 1$ a. $= 12$ m.
$q = 1$ m.
$i_q = (1 + i_t)^{q/t} - 1$
$i_q = (1 + 0,285)^{1/12} - 1$
$i_q = 0,02111642$ a.m. $= 2,111642\%$ a.m.

Fazendo o cálculo do valor à vista pela HP-12C, pressionamos a seguinte sequência de teclas:

f	REG	
f	6	
100	CHS	PV
128.5	FV	
12	n	
i		(No visor, temos 2,111642)

Agora, vamos calcular o valor da dívida ao final do quinto mês. Como a carência é de 6 meses e como, ao final dessa carência, já será paga a primeira prestação, devemos lembrar que, no Sacre, a primeira parcela é paga um mês após a assinatura do contrato. Por isso, precisamos conhecer o valor da dívida ao final do quinto mês.

$M = C \cdot (1 + i)^n$
$M = 500.000,00 \cdot (1 + 0,02111642)^5$
$M = 500.000,00 \cdot 1,11013629$
$M = 555.068,14$

Fazendo o cálculo do valor à vista pela HP-12C, pressionamos a seguinte sequência de teclas:

500000.00	CHS	PV
5	n	
2.111642	i	
FV		(No visor, temos 555.068,14)

Sabemos, então, o valor a ser financiado: R$ 555.068,14.

A amortização da primeira parcela será de:

$a = \dfrac{555.068,14}{5}$

$a = 111.013,63$

$J = i \cdot sd$

$J = 0,02111642 \cdot 555.068,14$

$J = 11721,05$

$p = a + J$

$p = 111.013,63 + 11.721,05$

$p = 122.734,68$

Esse é o valor das 5 parcelas.

Após o pagamento da primeira prestação, o novo saldo devedor será de:

$sd = 555.068,14 - 111.013,63$
$sd = 444.054,51$

Então, como a segunda prestação é igual a 122.734,68, temos que:

$J = i \cdot sd$
$J = 0,02111642 \cdot 444.054,51$
$J = 9.376,84$
$p = a + J$
$a = p - J$
$a = 122.734,68 - 9.376,84$
$a = 113.357,84$

Após o pagamento da segunda prestação, o novo saldo devedor será de:

sd = 444.054,51 − 113.357,84
sd = 330.696,67

Então, como a terceira prestação é igual a R$ 122.734,68, temos que:

J = i · sd
J = 0,02111642 · 330.696,67
J = 6.983,13
p = a + J
a = p − J
a = 122.734,68 − 6.983,13
a = 115.751,55

Após o pagamento da terceira prestação, o novo saldo devedor será de:

sd = 330.696,67 − 115.751,55
sd = 214.945,12

Então, como a quarta prestação é igual a 122.734,68, temos que:

J = i · sd
J = 0,02111642 · 214.945,12
J = 4.538,87
p = a + J
a = p − J
a = 122.734,68 − 4.538,87
a = 118.195,81

Após o pagamento da quarta prestação, o novo saldo devedor será de:

sd = 214.945,12 − 118.195,81
sd = 96.749,31

Então, como a quinta prestação é igual a R$ 122.734,68, temos que:

J = i · sd
J = 0,02111642 · 96.749,31
J = 2.043,00

A amortização da última parcela será igual ao saldo devedor, ou seja:

p = 96.749,31

Veja a Tabela 5.10.

Observe que a diferença entre o total das prestações e o total da amortização deveria ser igual a R$ 58.605,26.

Como os juros da última parcela foram de apenas R$ 2.043,00, mas a quinta prestação paga foi de R$ 122.734,68, temos que, na realidade, os juros da última parcela foram de R$ 25.985,37.

Tabela 5.10 – Planilha do Exemplo 5.8

Meses	Valor da parcela	Amortização	Juros da parcela	Saldo devedor
0	0	-	-	500.000,00
1	0	-	-	510.558,21
2	0	-	-	521.339,37
3	0	-	-	532.348,19
4	0	-	-	543.589,48
5	0	-	-	555.068,14
6	122.734,68	111.013,63	11.721,05	444.054,51
7	122.734,68	113.357,84	9.376,84	330.696,67
8	122.734,68	115.751,55	6.983,13	214.945,12
9	122.734,68	118.195,81	4.538,87	96.749,31
10	122.734,68	96.749,31	2.043,00	0,00
∑	613.673,40	555.068,14	34.662,89	-

Veja a Tabela 5.11 e compare o total pago e os juros ao longo dos 12 meses nos quatro sistemas de amortização, considerando, para o Sacre, o Exemplo 5.6.

Tabela 5.11 – Comparativo dos totais e dos juros pagos nos quatro sistemas

	Total pago	Total dos juros
SFA	846.226,56	46.226,59
SAC	845.500,04	45.500,00
SAM	845.863,32	45.863,32
Sacre	884.000,84	44.354,66

Qual é o melhor sistema de amortização para você?

A resposta depende de quanto você tem de capital disponível. Na prática, observe que o Sacre é o que cobra os menores juros.

Na Tabela 5.12, veja o valor da primeira prestação em cada sistema e o valor da décima segunda prestação em cada sistema.

Tabela 5.12 – Comparativo dos totais e dos juros pagos nos três sistemas

	Valor da primeira parcela	Valor da 12ª parcela
SFA	70.518,88	70.518,88
SAC	73.666,67	67.250,00
SAM	72.092,78	68.884,44
Sacre	73.666,67	73.666,67

Você decide!

Como nos chamam a atenção Castanheira e Serenato (2014, p. 154), "Costuma-se, erroneamente, analisar planos de financiamento pelo total pago em cada plano".

Em nossos exemplos, o SAC seria o melhor plano, enquanto o Sacre seria o pior. Entretanto, acrescentam Castanheira e Serenato (2014, p. 154): "Grandezas monetárias só podem ser somadas ou comparadas quando estiverem situadas numa mesma data ou após terem sido corretamente convertidas para uma mesma data". Os totais pagos em cada plano são diferentes, pois o retorno do dinheiro do financiador não se processou igualmente em todos os casos, ou seja, as diferenças entre os totais pagos nos quatro planos serão compensadas pelas receitas de reaplicações das parcelas recebidas antes do final do prazo contratado.

Mas nossa preocupação não termina aqui. Até este ponto, consideramos financiamentos nos quais só aplicamos a taxa de juros prevista no contrato pelo agente financeiro, seja um banco comercial, seja qualquer outra instituição. Contudo, na prática, quando estamos diante de uma instituição bancária, temos o que se denomina *Custo Efetivo Total* (CET). No momento da efetivação de um empréstimo, a instituição bancária nos informa o CET, no qual são incluídos:

a) taxa de juros do contrato;
b) tarifas, como a tarifa de abertura de crédito (TAC);
c) seguros;
d) Imposto sobre Operações Financeiras (IOF).

A taxa de juros compostos é o percentual que temos utilizado em nossos exemplos. A TAC, embora proibida, ainda é cobrada, mesmo que de forma camuflada, como taxa de cadastro. O seguro envolve a soma de todos os custos dos riscos, além do lucro que a seguradora pretende obter, devendo-se observar que o valor do seguro varia de acordo com a idade, o sexo, a profissão, o estado de saúde e o estado civil do segurado. O IOF tem alíquota de 0,38% + 0,01118% ao dia, exceto para imóveis residenciais.

Lembre-se de que, em nossos exemplos, não fizemos correção monetária ao longo do financiamento.

É importante também você saber que, no SAC e no SFA (Price), as prestações são reajustadas todos os meses pela TR (no SFH). No Sacre, o saldo devedor é reajustado mensalmente pela TR, mas a parcela de amortização só é reajustada anualmente. A cada 12 meses, a parcela de amortização é recalculada pelos princípios do SAC.

Síntese

Neste capítulo, vimos os quatro principais sistemas de amortização utilizados no Brasil, principalmente em financiamento imobiliário, ou seja, em financiamentos de longo prazo.

É importante destacar que amortizar é devolver o capital que se tomou emprestado. Observe, portanto, que os juros não fazem parte da amortização.

Primeiramente, detalhamos o Sistema Francês de Amortização (SFA), também conhecido como *Sistema Price*.

No SFA, o cálculo das parcelas é efetuado por meio da fórmula do modelo básico de renda, pois as prestações são iguais, periódicas, sucessivas e postecipadas. Convém, entretanto, atentar para o fato de as prestações não serem necessariamente mensais. Elas podem ser mensais, bimestrais, trimestrais ou com outra periodicidade qualquer.

Na sequência, detalhamos o Sistema de Amortização Constante (SAC), também conhecido como *Sistema Hamburguês*, no qual as parcelas de amortização são constantes durante todo o período de amortização da dívida.

Detalhamos, em seguida, o Sistema de Amortização Misto (SAM), que é um misto entre os dois sistemas estudados anteriormente, ou seja, o SAM é um misto entre o SFA e o SAC.

Demonstramos, na sequência, como se calculam os valores das prestações de um financiamento pelo SAM. O primeiro passo é realizar os cálculos das prestações para o SFA. O segundo passo é realizar os cálculos das prestações para o SAC. A seguir, realizam-se os cálculos para o SAM, sendo que cada uma das variáveis (juros, amortização, prestação, saldo devedor) é a média aritmética das variáveis dos outros dois sistemas.

Finalmente, detalhamos o Sistema de Amortização Crescente (Sacre). O Sacre é um sistema muito utilizado para financiamento imobiliário, sendo uma mescla entre o SAC e o SFA.

No Sacre, tal como no SAC, as prestações mensais são variáveis e decrescentes. À medida que as prestações são pagas, o saldo devedor vai diminuindo e, consequentemente, os juros também vão diminuindo. Assim como ocorre no SFA, as amortizações no Sacre são crescentes ao longo do contrato de financiamento.

Questões para revisão

1) Um cliente questionou a exatidão das prestações em um financiamento que fez no SAC, para a aquisição de um imóvel residencial. O financiamento foi de R$ 180.000,00 a uma taxa efetiva de 1,2% ao mês, com pagamento mensal, sem entrada e sem carência, em 18 meses. Verifique se o cliente tem razão, tendo em vista que a primeira prestação foi de R$ 14.344,00. No contrato, além da taxa de 1,2% ao mês, consta que não será cobrada taxa de cadastro e que o seguro é de R$ 2.184,00 por mês, nas 18 prestações.

2) Um cliente realizou um empréstimo de R$ 250.000,00 pelo SFA (Price), em 36 meses, com a primeira parcela paga um mês após a assinatura do contrato. Sabendo-se que o agente financeiro utilizou uma taxa de juros compostos de 2,48% ao mês e que no valor de R$ 250.000,00 já estão incluídos o IOF e o seguro, qual é o valor da primeira prestação? Suponha que não haverá correção monetária ao longo do contrato.

   a. p = 10.324,02
   b. p = 10.580,06
   c. p = 7.267,66
   d. p = 7.589,34

3) Um agente financeiro sugeriu que um cliente optasse pelo SAC, ao realizar um financiamento imobiliário, porque, apesar de as prestações serem maiores no início do contrato, os juros pagos no final serão menores que no SAF ou no SAM. Essa orientação está correta? Justifique sua resposta.

4) Em um financiamento de R$ 360.000,00 pelo SAC, em 36 meses, a primeira prestação foi de R$ 17.200,00. Qual é a taxa de juros compostos utilizada na operação?

   a. i = 0,2% a.m.
   b. i = 0,02% a.m.
   c. i = 2% a.m.
   d. Não há dados suficientes para o cálculo.

5) Foi realizado um financiamento pelo Sacre a uma taxa de 1,5% ao mês, por 10 anos. O valor total financiado foi de R$ 444.000,00. Qual é o valor do saldo devedor após o pagamento da primeira parcela?

   a. sd = 407.000,00
   b. sd = 433.700,00
   c. sd = 403.300,00
   d. sd = 440.300,00

Questões para reflexão

1) Um cliente financiou um imóvel residencial no valor de R$ 1.200.000,00 pelo Sistema Price, em 10 anos. Ele foi informado de que o seguro ao longo do contrato seria igual a 0,1% do valor financiado e que seria cobrado um IOF de 0,38% + 0,01118% ao dia. O cliente deveria aceitar essa proposta? Justifique sua resposta.

2) Caso uma pessoa financie um automóvel que custa, à vista, R$ 200.000,00 e opte pela utilização do SAM e por um parcelamento em 24 meses para pagar o empréstimo, com taxa de 0,99% ao mês, ao quitar a dívida, ela terá amortizado somente os 200 mil reais. Você concorda com essa afirmação? Justifique sua resposta.

Conteúdos do capítulo

- Valor presente líquido e taxa mínima de atratividade.
- Taxa interna de retorno.
- *Leasing*.
- Debêntures.
- *Spread* bancário.
- Expurgos inflacionários.
- Conta corrente garantida e cheque especial.
- Cartão de crédito e cartão de crédito consignado.
- Caderneta de poupança.
- Antecipação de recebíveis.
- *Factoring*.
- *Hedge*.
- *Payback*.
- Consórcio, associação e cooperativa de crédito.
- Documentos da perícia.

Após o estudo deste capítulo, você será capaz de:

1. realizar cálculos com taxa interna de retorno;
2. realizar cálculos com valor presente líquido;
3. realizar cálculos de *leasing*;
4. realizar cálculos de debêntures;
5. definir *spread bancário, expurgos inflacionários, conta corrente garantida* e *cheque especial*;
6. definir *cartão de crédito, cartão de crédito consignado, caderneta de poupança* e *antecipação de recebíveis*;
7. definir *factoring, hedge* e *payback*;
8. definir *consórcio de associação* e *cooperativa de crédito*;
9. identificar os documentos necessários a uma perícia.

6

Termos utilizados no mundo dos negócios financeiros e ferramentas para análise financeira

Neste capítulo, abordaremos diversos conceitos importantes para que um perito possa realizar sua análise e, consequentemente, poder emitir seu laudo. São termos utilizados no mundo dos negócios financeiros e ferramentas que ajudam na tomada de decisões ao se fazer uma análise financeira.

6.1 Valor presente líquido (VPL) e taxa mínima de atratividade (TMA)

Antes de analisarmos o valor presente líquido (VPL), vamos tratar de um importante conceito: taxa mínima de atratividade (TMA).

Segundo Castanheira e Serenato (2014, p. 121), pelo fato de o capital ser escasso, o sistema de oferta e procura da economia fornece um preço para o seu uso. Em outras palavras, mesmo quando utilizado pelo próprio dono, o capital apresenta um custo: o custo da oportunidade perdida. Para um investimento ser atrativo, ele deve render mais do que as oportunidades de investimento perdidas por causa dele.

Assim, é importante que o perito saiba determinar uma taxa de rentabilidade que represente a melhor aplicação. Essa taxa é a denominada *taxa mínima de atratividade* (TMA).

Em resumo, a TMA é o mínimo que um investidor está disposto a ganhar para fazer um investimento ou é o máximo que uma pessoa ou uma empresa está disposta a pagar para fazer um investimento.

E o que vem a ser o VPL?

Quando uma empresa está em dúvida quanto a determinado investimento, ela precisa estimar a rentabilidade daquele investimento, calcular o VPL tendo como taxa de desconto a TMA e somente então tomar a decisão.

Quando o VPL for igual ou maior que zero, o investimento será bom. Caso contrário, não deverá ser feito.

Como devemos calcular o VPL?

Devemos trazer ao dia zero cada um dos valores futuros que representam o rendimento, período a período, do investimento que a empresa deseja fazer. Em seguida, temos de somar todos esses valores presentes e do somatório subtrair o valor do investimento. Quando o VPL for zero ou positivo, o investimento será um bom negócio. Quando o VPL for negativo, o investimento será um mau negócio.

Assim, para a determinação do VPL, utilizamos a fórmula:

$$VPL = \frac{M_1}{(1+i)^1} + \frac{M_2}{(1+i)^2} + \frac{M_3}{(1+i)^3} + \ldots + \frac{M_n}{(1+i)^n} - C$$

Nessa fórmula:

- i = TMA
- C = capital a ser investido

Vamos analisar alguns exemplos.

Exemplo 6.1

Imagine que uma empresa de transportes está em dúvida se deve adquirir uma frota de caminhões cujo valor unitário é de R$ 237.450,00.

A empresa sabe que cada caminhão, pelos contratos existentes e pela projeção dos contratos futuros, proporciona um rendimento anual líquido conforme os dados a seguir: R$ 58.000,00 no primeiro ano, R$ 62.300,00 no segundo ano, R$ 66.450,00 no terceiro ano, R$ 69.000,00 no quarto ano e R$ 71.900,00 no quinto ano.

A empresa utiliza seus caminhões no máximo por cinco anos e, após esse tempo, coloca-os à venda. Estima-se que um dos caminhões, daqui a cinco anos, poderá ser vendido por R$ 40.000,00.

Considerando uma TMA de 16% ao ano, vamos verificar se esse investimento deve ser feito. Então:

$$VPL = \frac{58.000,00}{(1+0,16)^1} + \frac{62.300,00}{(1+0,16)^2} + \frac{66.450,00}{(1+0,16)^3} + \frac{69.000,00}{(1+0,16)^4} + \frac{111.900,00}{(1+0,16)^5} - 237.450,00$$

VPL = 50.000,00 + 46.299,05 + 42.571,70 + 38.108,09 + 53.277,05 − 237.450,00

VPL = 230.255,89 − 237.450,00

VPL = −7.194,11

Por que o valor do último ano foi de R$ 111.900,00? A resposta é que, além do rendimento anual previsto de R$ 69.000,00, a empresa terá em caixa outros R$ 40.000,00 referentes à venda do caminhão após o quinto ano de uso.

Como o VPL é negativo, esse investimento não será um bom negócio. A empresa deve optar por outro caminhão, pois, quando o VPL é negativo, as despesas são maiores do que as receitas.

Exemplo 6.2

Considere que um investimento vai remunerar o capital de R$ 950.000,00, aplicado por 15 meses, conforme ilustrado na Tabela 6.1. Considerando o risco dos papéis nos quais o investidor vai investir, vamos considerar que a TMA é igual a 13% ao ano. Esse investimento deve ser feito?

Tabela 6.1 – Demonstrativo do investimento do Exemplo 6.2

Meses	Capital	Rendimento	Montante
0	950.000,00		
1		9.025,00	959.025,00
2		9.398,45	968.423,45
3		10.002,06	978.425,51
4		10.525,33	988.950,84
5		11.222,38	1.000.173,22
6		11.546,89	1.011.720,11
7		12.005,11	1.023.725,22
8		12.804,55	1.036.529,77
9		13.333,78	1.049.863,55
10		13.845,12	1.063.708,67
11		14.752,00	1.078.460,67
12		15.488,22	1.093.948,89
13		16.105,77	1.110.054,66
14		16.708,21	1.126.762,87
15		17.100,00	1.143.862,87

Primeiramente, vamos calcular a taxa mensal, equivalente a 13% ao ano.

$i_q = (1 + i_t)^{q/t} - 1$

$i_q = (1 + 0{,}13)^{1/12} - 1$

$i_q = (1{,}13)^{0{,}083333} - 1$

$i_q = 0{,}010236$

$i_q = 1{,}023684\%$ a.m.

Fazendo o cálculo do valor à vista pela HP-12C, pressionamos a seguinte sequência de teclas:

f	REG	
f	6	
100	CHS	PV
113	FV	
12	n	
i		(No visor, temos 1,023684)

A uma taxa mensal de 1,023684% ao mês, uma aplicação de R$ 950.000,00 por 15 meses deveria resultar no seguinte montante:

$$M = 950.000,00 \cdot (1 + 0,01023684)^{15}$$
$$M = 1.106.806,32$$

Fazendo o cálculo do valor à vista pela HP-12C, pressionamos a seguinte sequência de teclas:

f	REG	
f	2	
15	n	
1.023684	i	
950000.00	CHS	PV
FV		(No visor, temos 1.106.806,32)

Como o investimento que será remunerado, conforme a Tabela 6.1, resultará num montante maior do que R$ 1.106.806,32, o investimento deve ser feito, pois é atrativo. A taxa de remuneração é maior do que a TMA.

Exemplo 6.3

Considere que um cliente de um banco comercial foi orientado a fazer um investimento de R$ 400.000,00 que daria um bom retorno em cinco anos, a uma taxa de juros compostos de 1,99% ao mês. O retorno desse investimento, ano a ano, seria de R$ 70.000,00 no primeiro ano, 82.000,00 no segundo ano, 88.000,00 no terceiro ano, 93.000,00 no quarto ano e 99.000,00 no quinto ano. Esse investimento deve ser feito?

Vamos determinar o VPL desse investimento.

$$VPL = \frac{M_1}{(1+i)^1} + \frac{M_2}{(1+i)^2} + \frac{M_3}{(1+i)^3} + \frac{M_3}{(1+i)^4} + \frac{M_5}{(1+i)^5} - C$$

$$VPL = \frac{70.000,00}{(1+0,0199)^1} + \frac{77.000,00}{(1+0,0199)^2} + \frac{84.000,00}{(1+0,0199)^3} + \frac{93.000,00}{(1+0,0199)^4} +$$

$$+ \frac{99.000,00}{(1+0,0199)^5} - 400.000,00$$

$$VPL = 68.634,18 + 74.024,51 + 79.178,36 + 85.951,33 + 89.711,32 - 400.000,00$$
$$VPL = -2.500,30$$

Como o VPL é negativo, o investimento não deve ser feito.

6.2 Taxa interna de retorno (TIR)

A taxa interna de retorno (TIR), ou simplesmente taxa de retorno, é uma taxa de juros compostos que anula o valor presente (ou valor atual) de um fluxo de caixa. É a taxa que representa o custo efetivo de um financiamento (Castanheira; Serenato, 2014, p. 115).

Ainda segundo Castanheira e Serenato (2014, p. 115), "A taxa de retorno é normalmente obtida pelo processo de tentativas, isto é, arbitramos várias vezes uma taxa de juros e calculamos o valor atual do fluxo de caixa para cada taxa, até que o valor atual seja nulo". Por essa razão, a TIR deve ser sempre calculada com a utilização de uma calculadora financeira.

Para a determinação da TIR por meio da calculadora financeira HP-12C, é necessário utilizar as teclas CFo e CFj (CF = *cash flow*, ou fluxo de caixa). É importante também observar o valor algébrico das parcelas, ou seja:

a) os recebimentos (ou depósitos) terão sinal positivo, por representarem entradas de caixa;

b) os pagamentos terão sinal negativo, por representarem saídas de caixa.

Vamos analisar alguns exemplos.

Exemplo 6.4

Suponha, por exemplo, um empréstimo de R$ 18.000,00 a ser pago em 5 parcelas mensais e consecutivas de R$ 3.500,00, R$ 4.000,00, R$ 4.500,00, R$ 5.000,00 e R$ 5.500,00, respectivamente. Qual é o custo efetivo desse empréstimo?

Observe que o fluxo de caixa, do ponto de vista do contratante, é o ilustrado na Figura 6.1.

Figura 6.1 – Fluxo de caixa do ponto de vista do contratante

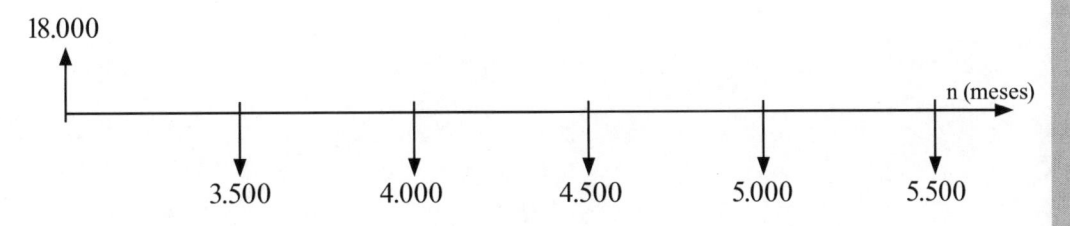

Do ponto de vista da financeira, o fluxo de caixa é igual, porém oposto ao anterior, conforme representado na Figura 6.2.

Figura 6.2 – Fluxo de caixa do ponto de vista da financeira

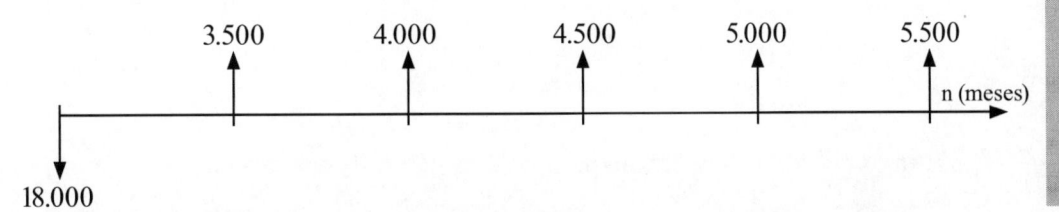

Fazendo o cálculo do valor à vista pela HP-12C, pressionamos a seguinte sequência de teclas:

f	REG		
f	4		
18000	g	CFo	
3500	CHS	g	CFj
4000	CHS	g	CFj
4500	CHS	g	CFj
5000	CHS	g	CFj
5500	CHS	g	CFj
f	IRR		

Obtivemos o valor de 7,3341% ao mês. Esse é o custo efetivo do empréstimo.

Exemplo 6.5

Uma máquina industrial no valor de R$ 345.000,00 foi adquirida por meio de uma operação de crédito ao consumidor conforme o fluxo de caixa ilustrado na Figura 6.3.

Qual foi a TIR dessa operação?

Figura 6.3 – Fluxo de caixa do Exemplo 6.5

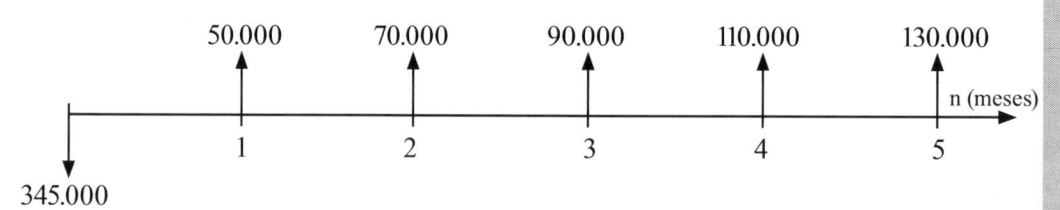

```
        50.000   70.000   90.000   110.000   130.000
          ↑        ↑        ↑         ↑         ↑
                                                       n (meses)
          1        2        3         4         5
↓
345.000
```

Fazendo o cálculo do valor à vista pela HP-12C, pressionamos a seguinte sequência de teclas:

f	REG		
f	4		
345000.00	g	CFo	
50000.00	CHS	g	CFj
70000.00	CHS	g	CFj
90000.00	CHS	g	CFj
110000.00	CHS	g	CFj
130000.00	CHS	g	CFj
f	IRR		

Obtivemos o valor de 8,1972% ao mês. Essa foi a TIR da operação.

Exemplo 6.6

Suponha que você quer adquirir uma máquina que custa, à vista, R$ 834.000,00. O vendedor faz uma proposta de entregar a máquina sem entrada e com 8 prestações iguais a R$ 116.315,77. Qual é a TIR dessa operação?

Como as prestações são todas iguais, o intervalo entre elas é constante, não há carência e não há entrada, configurando-se como um modelo básico de renda.

Fazendo o cálculo do valor à vista pela HP-12C, pressionamos a seguinte sequência de teclas:

f	REG	
f	2	
834000.00	CHS	PV
116315.77	PMT	
8	n	
i		(No visor, temos 2,50)

A TIR é de 2,50% ao mês.

Exemplo 6.7

Um cliente procurou um advogado e reclamou que a taxa utilizada em um financiamento que fez parece estar maior que a taxa contratada. O cliente adquiriu um terreno cujo valor à vista era de R$ 450.000,00. Ele deu R$ 80.000,00 de entrada mais 5 parcelas mensais, sendo que a primeira das 5 parcelas venceu exatamente um mês após a compra. Está no contrato que o custo efetivo da operação foi de 1,5% ao mês. As parcelas têm os seguintes valores:

1ª parcela = 60.000,00
2ª parcela = 70.000,00
3ª parcela = 80.000,00
4ª parcela = 90.000,00
5ª parcela = 90.000,00

Como o cliente deu R$ 80.000,00 de entrada, o valor financiado foi de R$ 370.000,00 (R$ 450.000,00 − R$ 80.000,00).

Fazendo o cálculo do valor à vista pela HP-12C, pressionamos a seguinte sequência de teclas:

f	REG	
f	4	
370000.00	g	CFo

60000.00	CHS	g	CFj
70000.00	CHS	g	CFj
80000.00	CHS	g	CFj
90000.00	CHS	g	CFj
90000.00	CHS	g	CFj
f	IRR		(No visor, temos 1,6643)

Obtivemos o valor de 1,6643% ao mês. Logo, o cliente tem razão em sua reclamação.

6.3 *Leasing*

Segundo Castanheira e Macedo (2020, p. 205), "O *leasing* é uma operação financeira que teve seu início em 12 de setembro de 1974, quando foi denominado de arrendamento mercantil".

Hoje, o *leasing* nada mais é do que um contrato entre duas partes: o arrendador, que possui um bem, e o arrendatário, que utiliza esse bem mediante o pagamento periódico de prestações, durante prazo estipulado entre as partes envolvidas. Entre o arrendador e o arrendatário, há uma terceira parte, uma empresa intermediária, que pode ser um banco, para executar a operação de *leasing*.

Literalmente, *leasing* é um contrato de aluguel para a possível compra de um bem. Trata-se, portanto, de uma ferramenta de financiamento que apresenta algumas vantagens interessantes:

a) Uma empresa não precisa fazer um grande desembolso no momento da aquisição de bens como máquinas, equipamentos e até veículos; há, portanto, a manutenção do capital de giro da empresa.
b) Pode-se conseguir um financiamento para o total do investimento.
c) O bem que foi alugado poderá ser adquirido se houver interesse da empresa.
d) O juro utilizado costuma ser bem menor do que o praticado para financiamentos junto aos bancos ou instituições financeiras.

Apesar das vantagens, quando há inadimplência, as penalidades são grandes, como multa de 2% por atraso, mais os juros de mora de 1% ao mês.

Há alguns tipos de *leasing* oferecidos pelo mercado, destacando-se o *leasing* financeiro e o *leasing* operacional.

O ***leasing* financeiro** tem prazo mínimo de dois anos para bens cuja vida útil é de até cinco anos e prazo de até três anos para os demais bens com vida útil maior do que cinco anos.

No *leasing* financeiro, o arrendatário tem a intenção de ficar com o bem ao final do prazo contratado. A responsabilidade é, portanto, do arrendatário.

Observe que, ao adquirir, por exemplo, um automóvel pelo sistema *leasing*, a pessoa não é a proprietária do automóvel. Logo, não poderá vendê-lo enquanto não tiver quitado o contrato e tiver comprado o automóvel por um eventual valor residual que esteja previsto nesse contrato. O valor residual pode ser pago ao final do contrato ou amortizado ao longo da vigência do contrato ou pode, até mesmo, ser dado como entrada no início da operação.

O *leasing* **operacional** envolve bens como computadores, que estão sujeitos a grande obsolescência tecnológica, e tem como prazo mínimo 90 dias. No *leasing* operacional, o arrendatário não tem a intenção de ficar com o bem ao final do prazo contratado.

Como se trata de uma operação semelhante a um aluguel e não de um empréstimo, sobre ela não incide Imposto sobre Operações Financeiras (IOF), mas está sujeita ao Imposto sobre Serviços (ISS). O tomador do serviço de *leasing* é o arrendatário, e o ISS deve ser recolhido no município de seu domicílio.

Há, ainda, o **lease back**, também conhecido como *leasing de retorno*, que é uma operação, permitida somente entre pessoas jurídicas, na qual o arrendatário obtém seu capital de giro mediante a venda de seus equipamentos ou máquinas ao arrendador, que os arrenda ao próprio vendedor. Dito de outro modo, o arrendatário é o próprio fornecedor dos bens.

Vamos analisar um exemplo prático.

Exemplo 6.8

Imagine que uma máquina cujo valor à vista é de R$ 425.000,00 foi adquirida por uma empresa por meio do sistema *leasing*, sendo que, após 36 meses de contrato, não houve valor residual. Vamos calcular o valor das mensalidades pagas pelo arrendatário supondo que foi utilizada uma taxa de juros compostos no valor de 2% ao mês e que a primeira mensalidade foi paga um mês após a assinatura do contrato.

O cálculo das mensalidades pode ser feito pelo uso da fórmula do modelo básico de renda ou pelo uso de uma calculadora financeira. Assim:

$$425.000,00 = p \cdot \frac{(1+0,02)^{36} - 1}{(1+0,02)^{36} \cdot 0,02}$$

$$425.000,00 = p \cdot \frac{1,03988734}{0,04079775}$$

$$425.000,00 = p \cdot 25,48884044$$

$$p = \frac{425.000,00}{25,48884044}$$

$$p = 16.673,96$$

Fazendo agora o cálculo do valor à vista pela HP-12C, pressionamos a seguinte sequência de teclas:

f	REG	
f	2	
425000.00	CHS	PV
2	i	
36	n	
PMT		(No visor, temos 16.673,96)

Agora, vamos analisar um exemplo em que haja valor residual a ser pago no final do prazo contratado.

Exemplo 6.9

Suponha que uma máquina no valor de R$ 124.800,00 foi adquirida por meio de um contrato de *leasing*, por um prazo de 4 anos. A primeira mensalidade vencerá um mês após a assinatura do contrato, a uma taxa de 1,8% ao mês. Ao final do contrato, se o arrendador quiser ficar com o bem, deverá pagar o valor residual correspondente a 20% do valor da máquina.

Primeiramente, observe que, ao final do contrato, para a aquisição em definitivo da máquina, será paga a quantia equivalente a 20% de R$ 124.800,00, ou seja, será paga a quantia de $0,20 \cdot 124.800,00 = 24.960,00$.

O que isso significa? Significa que, para o cálculo das mensalidades, não utilizaremos o valor total da máquina. Como toda a negociação é feita no dia zero, precisamos saber o quanto esses R$ 24.960,00 valem no dia zero para debitarmos tal valor dos R$ 124.800,00.

Vamos, então, trazer para o presente o valor futuro de R$ 24.960,00, lembrando que a taxa de juros compostos utilizada é de 1,8% ao mês.

$$M = C \cdot (1 + i)^n$$
$$24.960,00 = C \cdot (1 + 0,018)^{48}$$
$$24.960,00 = C \cdot 2,35447099$$
$$C = 10.601,11$$

Então, o valor a ser considerado para o cálculo das 48 mensalidades será de:

$$124.800,00 - 10.601,11 = 114.198,89$$

Temos, então:

$$C = p \cdot \frac{(1+i)^n - 1}{(1+i)^n \cdot i}$$

$$114.198{,}89 = p \cdot \frac{(1+0{,}018)^{48} - 1}{(1+0{,}018)^{48} \cdot 0{,}018}$$

$$114.198{,}89 = p \cdot \frac{1{,}35447099}{0{,}04238048}$$

$$114.198{,}89 = p \cdot 31{,}95978408$$

$$p = \frac{114.198{,}89}{31{,}95978408}$$

$$p = 3.573{,}21$$

Esse é o valor das 48 mensalidades. É importante lembrar que, juntamente com a última mensalidade, será pago o valor de R$ 24.960,00 para que a empresa se torne dona da máquina em definitivo.

Fazendo o cálculo do valor à vista pela HP-12C, pressionamos a seguinte sequência de teclas:

f	REG	
f	2	
124800.00	ENTER	
.20	x	(No visor, temos 24.960,00)
24960.00	CHS FV	
48	n	
1.8	i	
PV		(No visor, temos 10.601,11)
124800.00	ENTER	
10601.11	−	(No visor, temos 114.198,89)
CHS	PV	
48	n	
1.8	i	
PMT		(No visor, temos 3.573,21)

6.4 Debêntures

Debêntures são títulos de dívida de uma empresa privada. Trata-se, portanto, de uma aplicação de renda fixa na qual quem adquire as debêntures está emprestando dinheiro a uma empresa privada em troca do recebimento de juros.

Pela emissão de debêntures, uma empresa privada pode se capitalizar sem a necessidade de recorrer ao empréstimo em um banco ou em um agente financeiro, evitando os contratempos das constantes e caras operações de curto prazo.

Conforme Castanheira e Macedo (2020, p. 213), "Debênture é um título de dívida amortizável, cujo nome tem origem no latim *debere*, que significa dever ou aquilo que deve ser pago".

As debêntures são caracterizadas como títulos de créditos emitidos usualmente pelas companhias abertas, porém tal faculdade é também concedida às sociedades anônimas cujo sistema de capital seja o fechado. Elas podem ser **nominativas**, quando emitidas em nome do investidor inicial, ou **escriturais**, quando o título é guardado em uma conta de custódia no nome do investidor por meio de uma instituição financeira depositária designada pela emissora. De acordo com Casagrande Neto (2000), as debêntures são títulos nominativos, negociáveis, representativos de dívida de médio/longo prazo, contraída pela companhia junto ao debenturista.

Dependendo da forma como se pagam os juros das debêntures, podemos classificá-las como simples ou conversíveis.

As debêntures **simples** não podem ser convertidas em ações; as **conversíveis** são aquelas que, além de serem resgatáveis em moeda, podem ser convertidas em ações de emissão da própria empresa.

Segundo Castanheira e Macedo (2020), as debêntures podem ser **permutáveis** e, assim como as conversíveis, podem ser transformadas em ações. Entretanto, as debêntures permutáveis são transformadas em ações de outra companhia que não a emissora dos papéis.

Quanto à rentabilidade das debêntures, podemos classificá-las em pós-fixadas, prefixadas ou híbridas.

As debêntures **pós-fixadas** têm seu rendimento atrelado a algum indicador, como a taxa Selic (Sistema Especial de Liquidação e de Custódia). As **prefixadas** têm a rentabilidade definida no momento de sua emissão. Já as **híbridas** têm um componente pós-fixado e um prefixado.

Lembre-se de que, como investidor, você está colocando seu dinheiro em uma empresa que está com problemas financeiros. Há, portanto, um risco a ser assumido. Por essa razão, as debêntures costumam render juros acima dos praticados pelo mercado.

Vamos analisar um exemplo.

Exemplo 6.10

Um investidor adquiriu 1.000 debêntures simples com um rendimento mensal, prefixado, de 2% ao mês. Cada debênture tem valor unitário de R$ 5.000,00. O rendimento será pago pelo emissor mensalmente e o investidor reaplicará tal rendimento em uma instituição financeira que está pagando 1% ao mês. O prazo de vencimento das debêntures é de 2 anos. A reaplicação foi feita em fundos de ações, cujo Imposto de Renda (IR) é de 15% sobre o rendimento.

Quanto esse investidor terá daqui a dois anos, considerando-se que ele vai resgatar em moeda seu valor inicial e que ele aplicou em debêntures incentivadas, ou seja, aquelas emitidas por empresas do setor de infraestrutura e que são isentas de IR sobre o rendimento?

O investidor aplicou R$ 5.000.000,00 (1.000 debêntures de R$ 5.000,00).

O rendimento mensal foi de 2% de R$ 5.000.000,00, ou seja, o rendimento foi de R$ 100.000,00 ao mês.

Teremos, assim, uma sucessão de 24 recebimentos de R$ 100.000,00, conforme ilustrado no fluxo de caixa representado na Figura 6.4.

Figura 6.4 – Fluxo de caixa do Exemplo 6.10

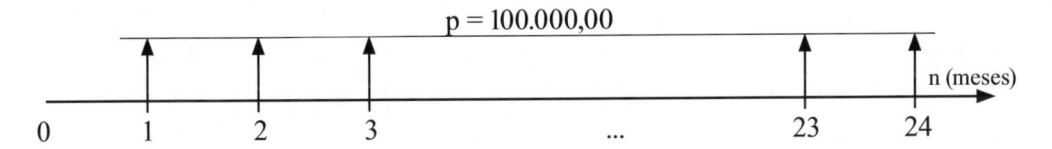

O valor futuro de uma renda (sucessão de recebimentos) é dado pela fórmula:

$$M = p \cdot \frac{(1+i)^n - 1}{i}$$

Teremos, então, em consequência do rendimento das debêntures:

$$M = 100.000,00 \cdot \frac{(1+0,01)^{24} - 1}{0,01}$$

$$M = 2.697.346,49$$

Fazendo o cálculo do valor à vista pela HP-12C, pressionamos a seguinte sequência de teclas:

```
f           REG
f           2
100000.00   CHS   PMT
24          n
1           i
FV          (No visor, temos 2.697.346,49)
```

Desse valor será deduzido o IR com uma alíquota de 15% sobre o rendimento (15% de 2.697.346,49 = 404.601,97). O investidor terá, então, os R$ 5.000.000,00 que serão resgatados após esses 24 meses, mais 2.292.744,52 da reaplicação (2.697.346,49 – 404.601,97 = 2.292.744,52).

Vamos analisar outro exemplo.

Exemplo 6.11

Suponha que um investidor adquiriu 2.000 debêntures simples com um rendimento mensal, prefixado, de 1,8% ao mês. Cada debênture tem valor unitário de R$ 3.000,00. O rendimento será pago pelo emissor mensalmente e o investidor reaplicará tal rendimento em uma instituição financeira que está pagando 0,88% ao mês. O prazo de vencimento das debêntures é de 30 meses. A reaplicação foi feita em Letras de Crédito do Agronegócio (LCAs), isentas de IR.

Quanto esse investidor terá daqui a 30 meses, considerando-se que ele vai resgatar em moeda seu valor inicial e que ele aplicou em debêntures incentivadas, ou seja, aquelas emitidas por empresas do setor de infraestrutura e que são isentas de IR sobre o rendimento? Suponha que o investimento em LCA continuará aplicado após os 30 meses.

O investidor aplicou R$ 6.000.000,00 (2.000 debêntures de R$ 3.000,00).

O rendimento mensal foi de 1,8% de R$ 6.000.000,00, ou seja, o rendimento foi de R$ 108.000,00 ao mês.

Teremos, assim, uma sucessão de 30 recebimentos de R$ 108.000,00, conforme ilustrado no fluxo de caixa da Figura 6.5.

Figura 6.5 – Fluxo de caixa do Exemplo 6.11

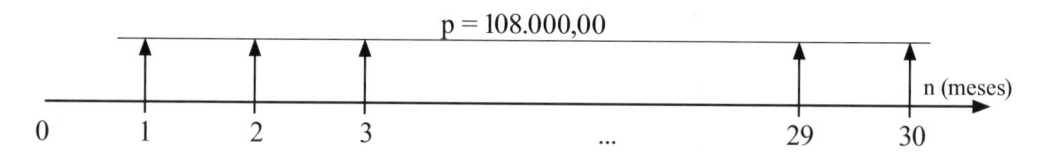

O valor futuro de uma renda (sucessão de recebimentos) é dado pela fórmula:

$$M = 108.000,00 \cdot \frac{(1+i)^n - 1}{i}$$

$$M = 108.000,00 \cdot \frac{(1+0,0088)^{30} - 1}{0,0088}$$

$$M = 108.000,00 \cdot 34,161969$$

$$M = 3.689.492,66$$

Fazendo o cálculo do valor à vista pela HP-12C, pressionamos a seguinte sequência de teclas:

f	REG
f	2
0.88	i

```
30           n
108000.00    CHS    PMT
FV                  (No visor, temos 3.689.492,66)
```

O investidor terá, então, no total, R$ 9.689.492,66, pois terá resgatado seus R$ 6.000.000,00 investidos.

6.5 *Spread* bancário

Conforme Castanheira e Serenato (2014, p. 64), "há um custo para que os agentes financeiros possam emprestar recursos aos seus clientes. A diferença entre a captação desses recursos e o seu repasse aos clientes denomina-se *spread* bancário". *Spread*, nesse contexto, significa "margem".

Logicamente, os bancos pagam ao captar recursos. Esses recursos, quando repassados aos seus clientes, terão um custo maior do que aquele pago pelo banco ao captá-los. O *spread* bancário é essa diferença entre a captação e o repasse.

No *spread* bancário estão incluídos impostos como o IOF.

Quanto maior for o *spread* bancário, maior será o lucro do banco em suas operações financeiras.

Podemos ainda definir *spread* como a diferença entre o preço de compra e o preço de venda de uma ação, de um título ou de uma transação monetária qualquer.

Vamos analisar um exemplo.

Exemplo 6.12

Suponha um banco que capta o dinheiro a 2,2% ao mês e, em seus empréstimos aos clientes, cobra uma taxa efetiva de 8,8% ao mês. Qual foi o *spread* praticado pelo banco?

Para esse cálculo, utilizamos a seguinte fórmula:

$$i = \frac{1 + i_a}{1 + I} - 1$$

Nessa fórmula:

- i = taxa real (aqui representando a taxa de captação)
- i_a = taxa aparente (aqui representando a taxa de repasse ao cliente)
- I = taxa de inflação do período considerado (aqui representando o *spread*)

Temos, então:

$$0,022 = \frac{1 + 0,088}{1 + I} - 1$$

$$1 + 0,022 = \frac{1,088}{1 + I}$$

$$1{,}022 \cdot (1 + I) = 1{,}088$$

$$(1 + I) = \frac{1{,}088}{1{,}022}$$

$$I = 1{,}064579 - 1$$

$$I = 0{,}064579$$

Portanto: $I = 6{,}4579\%$

Esse é o *spread* bancário.

O *spread* é um indicador financeiro de suma importância para quem deseja identificar os ativos mais rentáveis e para quem deseja realizar investimentos assertivos.

Os principais tipos de *spread* no mercado financeiro são:

a) ***spread* bancário**, indicando a diferença entre os juros aplicados sobre os investimentos;
b) ***spread* cambial**, indicando a diferença entre o preço de compra e o preço de venda de uma moeda estrangeira;
c) ***spread* financeiro**, indicando a diferença entre o valor de compra e o valor de venda de um ativo financeiro.

Assim, o *spread* é um indicador de referência para quem investe no mercado financeiro, como a bolsa de valores. Indica, por exemplo, quais ações deverão gerar mais lucro no curto prazo.

6.6 Expurgos inflacionários

Um expurgo inflacionário acontece quando o índice de inflação de determinado período ou não é utilizado para a correção de um valor financeiro, ou, quando é aplicado, é utilizado em um valor menor do que aquele que deveria ter sido considerado.

No Brasil, já ocorreu expurgo financeiro, por exemplo, nas contas vinculadas do Fundo de Garantia do Tempo de Serviço (FGTS), principalmente nos dois momentos de maior inflação registrada em nossa história: janeiro de 1889 (Plano Verão) e abril de 1990 (Plano Collor I).

Segundo o *site* JurisWay,

> a Caixa Econômica Federal, como gestora do Fundo, em razão de alterações de índices, ou de adoção de Planos Econômicos, ou ainda pela simples troca de indexadores que incidiram sobre os valores das contas vinculadas do FGTS dos trabalhadores, deixou de atualizar corretamente os saldos destas contas. (O que pode..., 2024)

6.7 Conta corrente garantida e cheque especial

A conta corrente garantida é um crédito pré-aprovado pelo banco para atender a necessidades emergenciais de um cliente, no caso de a empresa estar com problemas de fluxo de caixa. Seu público-alvo é, portanto, formado pelas empresas jurídicas.

A conta é denominada *garantida* porque o banco exige a garantia de recebíveis ou até mesmo uma garantia real. Os recebíveis são as contas que a pessoa ou empresa tem a receber, e um bem real pode ser, por exemplo, um imóvel ou um automóvel.

A empresa pode dar como garantia, por exemplo, duplicatas, cheques, direitos creditórios, bens, avais, veículos, hipotecas, alienação de máquinas e equipamentos, entre outros.

A grande vantagem da conta corrente garantida é a liquidez imediata para suprir as emergências. Pode ser sacada ou amortizada a qualquer momento, com juros apenas sobre o saldo devedor no prazo de sua existência.

É importante lembrar que essa modalidade de operação deve ser utilizada no curto prazo.

Contudo, também há desvantagens nessa operação. Por exemplo, cada vez que o cliente realiza um saque na conta corrente garantida, ele é tributado com uma alíquota de 0,38% (IOF) sobre o valor da operação, pois está tomando dinheiro emprestado.

Os juros são calculados diariamente, sempre sobre o saldo devedor e serão cobrados no primeiro dia útil do mês seguinte ao da movimentação.

O cheque especial, por sua vez, é um crédito que o banco deixa pré-aprovado para seus clientes. Observe que, ao contrário do que acontece quando o cliente faz um empréstimo no banco, não é realizada uma análise de crédito quando ele negativa a conta corrente ao dispor do chamado *cheque especial*, e esse é um dos fatores que aumentam a taxa de juros cobrada sobre o saldo negativo. Desse modo, tal limite de crédito só deve ser utilizado numa emergência.

6.8 Cartão de crédito e cartão de crédito consignado

Um cartão de crédito permite que o cliente de um banco ou de uma instituição financeira pague suas compras sem utilizar dinheiro no ato das compras. Ele deverá pagar o valor total gasto até a data de vencimento do cartão, conforme acordado com o banco; caso contrário, terá de pagar juros sobre o valor que ficar devendo à instituição. É, portanto, uma linha de crédito disponível aos clientes por até 40 dias.

Devemos lembrar, entretanto, que um cartão de crédito poderá dar despesas ao seu possuidor, mesmo para quem costuma pagar à vista suas compras efetuadas com esse cartão. Essas despesas se referem a tarifas que poderão ser cobradas a cada saque efetuado, à anuidade do cartão ou a uma multa por atraso no pagamento da fatura. Caso a pessoa utilize seu cartão de crédito no exterior, haverá o pagamento de impostos e tarifas a cada transação.

Há, ainda, o chamado *cartão de crédito consignado*. Trata-se de um cartão de crédito vinculado ao salário de seu possuidor, caso em que o pagamento do cartão já é debitado diretamente do salário, no valor total da dívida. Esse tipo de cartão não cobra anuidade, o que é uma vantagem.

6.9 Caderneta de poupança

Conforme Castanheira e Serenato (2014, p. 172), a caderneta de poupança é um investimento seguro e tradicional, com perfil conservador e com percentuais de ganho abaixo dos de aplicações de maior risco.

Segundo os autores, para depósitos feitos até 3 de maio de 2012, a caderneta de poupança tem rendimento de 0,5% ao mês + TR (Taxa Referencial) para pessoas físicas, condomínios e pessoas jurídicas sem fins lucrativos; e rendimento de 1,5% + TR ao trimestre para poupança de pessoa jurídica com fins lucrativos. Para depósitos feitos após 4 de maio de 2012, a regra é outra: quando a Selic estiver acima de 8,5% ao ano, a regra de remuneração permanecerá a mesma; quando a Selic estiver em 8,5% ao ano ou abaixo, a poupança passará a render TR + 70% da Selic.

Devemos lembrar que a Selic é a taxa básica de juros da economia no Brasil e é obtida pelo cálculo da taxa média ponderada dos juros praticados pelas instituições financeiras. É utilizada no mercado entre os bancos para financiamento com duração diária e é lastreada em títulos públicos federais.

A TR é atualizada diariamente pelo Banco Central, para servir de base para a rentabilidade de alguns investimentos, entre os quais a caderneta de poupança.

A caderneta de poupança é um investimento que, apesar do pouco rendimento, traz vantagens como facilidade, segurança, liquidez imediata e isenção de IR.

Você já aprendeu a calcular a taxa equivalente em capitalização composta. Portanto, verifique que o rendimento de 0,5% ao mês corresponde a 6,167782% ao ano.

6.10 Antecipação de recebíveis

Primeiramente, é preciso entender o que significa *recebíveis*. Quando uma empresa realiza uma venda de produtos ou presta serviços a crédito, ela tem contas a receber, também chamadas de *recebíveis*. Quem deve para a empresa recebe uma fatura, pelos Correios ou eletronicamente, na qual está expressa a data de vencimento, ou seja, as condições de crédito.

Essas contas a receber ou recebíveis estão no balanço de uma empresa como ativo. Quando essa empresa está necessitando de capital para o seu caixa e não deseja recorrer a empréstimos com o pagamento inevitável de altos juros, pode optar pela antecipação dos recebíveis. Trata-se, portanto, de uma operação contábil que envolve a cobrança de bens e serviços que um cliente tenha solicitado.

Antecipar os recebíveis é trocar recebíveis futuros por dinheiro vivo, aumentando a liquidez da empresa. Para tanto, o cliente é estimulado a antecipar o pagamento em troca de uma taxa de desconto sobre o valor de sua dívida. Dessa forma, a antecipação de recebíveis pode ser vista como uma linha de crédito para as empresas que tenham contratos de compra e venda de seus produtos e da prestação de serviços. Não devemos confundir esses recebíveis com títulos a receber, que são dívidas criadas por meio de instrumentos jurídicos formais chamados de *notas promissórias*. Os recebíveis são, normalmente, boletos ou vendas parceladas no cartão de crédito ou com cheques pré-datados de clientes.

Em resumo, a antecipação de recebíveis é uma alternativa para a obtenção de capital no curto prazo e com baixas taxas de juros, menores do que a do mercado de empréstimos.

O processo inverso é denominado *aquisição de recebíveis*. Por exemplo, os recebíveis podem ser adquiridos por uma empresa de *factoring*, logicamente por um valor menor do que o valor que os recebíveis têm.

6.11 *Factoring*

Factoring é uma operação utilizada por pequenas e médias empresas para adquirir direitos creditórios de contas a receber, a prazo, por um valor à vista (Sebrae, 2024).

Conforme Loewenkron (2012, p. 154), trata-se de

> uma atividade de fomento comercial, desenvolvida por empresas independentes e autônomas, caracterizada sobretudo por: aquisição de ativos (contas a receber) de micros e pequenas empresas, mediante um preço à vista, sem riscos de inadimplemento ao cedente dos créditos transferidos, sem direito de regresso contra a empresa cedente.

Isso permite que se disponha de liquidez imediata no caso de empresas que estão necessitando de capital para o seu caixa. Uma *factoring* é, portanto, um empreendimento que presta serviços e compra créditos; porém, é uma organização cujas características são diferentes das de um banco. Ela realiza compra de títulos, aquisição de ativos (recebíveis), cobrança de juros devidos e pagamento à vista do resultado da operação ao cessionário. Esses títulos são vendidos de forma irrevogável, ou seja, a *factoring* assume o risco na compra dos títulos (Sebrae, 2024).

Ainda segundo Loewenkron (2012, p. 155),

> Trata-se o *Factoring*, em essência, de uma cessão *pro soluto* de direito creditício. O dinheiro decorrente da venda do direito creditício vem como insumo da atividade do endossante.
>
> O fomento mercantil é atividade autorregulada. A atividade do fomento mercantil ou *Factoring* ainda não conta com legislação específica que a regule, embora haja diversos projetos de lei em tramitação no Congresso Nacional.

6.12 *Hedge*

O *hedge* é um instrumento que visa proteger operações financeiras do risco de grandes variações de preço em um determinado ativo.

Quando a pessoa realiza um investimento com o objetivo único de reduzir ou até mesmo eliminar o risco de outro investimento, está realizando o que chamamos de *estratégia de hedging*. Em termos práticos, o *hedge* protege uma aplicação contra as possíveis oscilações do mercado.

Por exemplo, suponha uma empresa que tem uma dívida futura em dólares. A empresa pode adquirir hoje esses dólares para não correr o risco de, no futuro, no momento do pagamento da dívida, precisar operar com uma taxa de câmbio bem mais alta do que o esperado.

Como e onde isso é feito? Normalmente, essa transação é feita na Bolsa de Mercadorias e Futuros (BM&F), na qual a empresa que tem uma dívida futura em dólares compra um contrato de dólar futuro para garantir que, na data do pagamento de sua dívida, poderá comprar a quantidade de dólares que deseja a uma determinada cotação preestabelecida. Essas operações na BM&F não têm custo.

Outro exemplo é a utilização do *hedge* na proteção do preço de *commodities*[1], como as agrícolas, por se tratar de um mercado que sofre frequentemente fortes oscilações nos preços. É o caso de um produtor de soja cuja colheita ocorrerá daqui a seis meses e cujo preço no momento da colheita ele desconhece.

Para não correr riscos, o produtor pode comprar uma opção de venda. Essa opção de venda é a garantia de que ele venderá a soja a um determinado preço daqui a seis meses, em nosso exemplo. E se, daqui a seis meses, o preço da soja estiver bem mais alto do que ele esperava? Nessa hipótese, o produtor poderá vender o produto pelo melhor preço, ou seja, ele não é obrigado a efetuar a operação.

---

1 *Commodities*, numa tradução simples, significa "mercadorias". São produtos de origem agropecuária ou de extração mineral, como grãos, carne bovina, minério de ferro e petróleo.

6.13 Payback

De acordo com Castanheira e Serenato (2014, p. 123), "*Payback* é o período de tempo necessário para se recuperar o investimento feito, ou seja, é o tempo entre o investimento inicial e o momento no qual o lucro líquido acumulado se iguala ao valor desse investimento".

O *payback* pode ser:

a) nominal, quando calculado com base no fluxo de caixa com valores nominais;
b) presente líquido, quando calculado com base no fluxo de caixa com valores no presente.

Payback é uma técnica de análise de investimento e constitui-se em uma metodologia utilizada quando o risco é elevado.

O *payback* substitui o VPL, abordado anteriormente. Sua vantagem em relação ao VPL é que o *payback* considera o prazo de retorno do investimento, para dar mais segurança ao investidor.

Podemos classificar o *payback* como **simples** ou **descontado**.

Primeiramente, vejamos um exemplo de *payback* simples.

Exemplo 6.13

Suponha que você deseja montar um pequeno negócio para o qual necessita de um investimento de R$ 80.000,00 entre instalações, equipamentos e *marketing*. Conforme o seu conhecimento na área e os contatos que tem, estima uma receita líquida de R$ 16.000,00 ao mês. Qual é o *payback* desse investimento?

$$PB = \frac{80.000,00}{16.000,00}$$

$$PB = 5 \text{ meses}$$

Agora, vamos analisar em que consiste o *payback* descontado.

O *payback* simples não considera nenhuma taxa de juros nem a eventual inflação durante o período em que o negócio já está em funcionamento. Além disso, no mundo dos negócios, o fluxo de caixa não é constante.

Em outras palavras, se você não tinha em mãos o capital inicial de R$ 80.000,00, em sua totalidade ou em parte, precisará buscar esse capital no mercado financeiro, que cobra juros. Ademais, a receita líquida esperada é de R$ 16.000,00 ao mês, mas ela poderá ser maior ou menor em algum mês.

Finalmente, R$ 16.000,00 é uma média, pois certamente não será exatamente o mesmo valor mês a mês. Por essa razão, sabe-se que o *payback* será superior aos 5 meses calculados no *payback* simples.

6.14 Consórcio, associação e cooperativas de crédito

Partilha tem como sinônimos *distribuição, cota, divisão*. O que queremos relacionar neste ponto a esse termo são os conceitos de consórcio, associação, empreendimento conjunto, cooperativa e *joint venture*.

Consórcio significa "parceria". Consórcio é uma associação de dois ou mais indivíduos, empresas, organizações ou governos, com o objetivo de participar numa atividade comum ou de partilha de recursos para atingir um objetivo comum.

Em termos jurídicos, em direito administrativo, um consórcio é uma organização de direito público entre entidades públicas ou uma organização de direito privado entre indivíduos ou organizações e entidades privadas.

Podemos ainda definir *consórcio* como uma empresa administradora cujo propósito é permitir aos seus membros, os consorciados, a aquisição de bens por meio de autofinanciamento.

Existem consórcios de grupos homogêneos, nos quais todos os consorciados visam à aquisição de um bem similar, assim como consórcios de grupos mistos, nos quais as contribuições dos consorciados variam de acordo com o bem que desejam adquirir.

A empresa administradora, no caso de grupos mistos, assume o risco, caso um bem contemplado tenha valor superior ao dinheiro existente no caixa. As normas de uma empresa administradora de um consórcio são expedidas pelo Banco Central.

Para os consorciados, a vantagem é poder adquirir bens por valores menores do que aqueles que seriam praticados se fizessem um financiamento bancário.

Associação é uma organização resultante da reunião legal entre duas ou mais pessoas, com ou sem personalidade jurídica, sem fins lucrativos, para a realização de um objetivo comum. O Código Civil – Lei n. 10.406, de 10 de janeiro de 2002 –, em seu art. 53, define as associações como a união de pessoas que se organizam para fins não econômicos (Brasil, 2002). As associações são, portanto, pessoas que se reúnem com um objetivo comum, porém sempre sem fins lucrativos. Como exemplos, podemos citar uma associação de moradores, uma associação empresarial, uma associação do terceiro setor, entre outras.

Um excelente exemplo de associação é uma cooperativa de crédito, instituição financeira supervisionada pelo Banco Central na qual as pessoas associadas, os cooperados, participam de sua gestão e usufruem de seus produtos e de seus serviços. Portanto, uma cooperativa de crédito visa prestar serviços financeiros. Como é uma associação, não visa à obtenção de lucro, e os direitos e deveres dos cooperados são iguais para todos (Banco Central do Brasil, 2023).

Numa cooperativa de crédito, as pessoas associadas encontram os principais serviços e produtos existentes em qualquer banco. O resultado financeiro numa cooperativa pode ser positivo ou negativo. Se positivo, a sobra é repartida entre os cooperados; se negativo, as perdas são rateadas entre os cooperados.

Um modelo estratégico de parceria comercial ou aliança entre duas ou mais empresas com o objetivo de promover desde uma simples colaboração para fins comerciais e/ou tecnológicos até a fusão de sociedades em uma única empresa é definido como um empreendimento conjunto ou uma empresa conjunta. Esses acordos são conhecidos como *joint ventures*, que, ao pé da letra, podem ser definidas como "união com risco".

Há dois tipos de empreendimento conjunto de empresas:

1. **societárias**, em que uma nova empresa é criada com a finalidade de realizar um empreendimento comum;
2. **contratuais**, em que não há aporte de recursos por parte dos associados – nesse caso, as empresas não formam uma nova empresa.

Desse modo, uma *joint venture* é uma união de empresas em que todas têm objetivos econômicos e financeiros em comum e todas mantêm sua identidade, bem como os mercados que já conquistaram. Por manterem sua identidade, continuam sendo juridicamente independentes entre si. Logicamente, assim como as empresas compartilharão os eventuais lucros, também compartilharão os eventuais prejuízos.

O primeiro tipo de *joint venture*, a societária, implica a criação de uma nova empresa e passa a ser uma sociedade com caráter jurídico. O segundo tipo de *joint venture*, a contratual, é aquela que não cria uma empresa e, portanto, não tem caráter jurídico.

A criação de *joint ventures*, além de ter como motivo a troca de experiências e o compartilhamento de tecnologias, tem como propósito a expansão das atividades e a superação de dificuldades comerciais. Há, entretanto, um alto risco envolvido ao se unirem diferentes modos de gestão e diferentes dinâmicas de trabalho, mesmo quando em atividades similares.

6.15 Documentos da perícia

Não se pode determinar com precisão quais serão os documentos necessários a uma perícia. Cada caso a ser analisado por um perito depende do tipo de contrato a ser periciado. Uma perícia financeira/bancária trata da análise de contratos de financiamento de consumidores e empresários com instituições financeiras, como bancos comerciais, assim como trata da análise de fatos mediante consulta a relatórios e a laudos técnicos.

Um perito precisa consultar a legislação e as normas do Banco Central do Brasil e do Conselho Federal de Contabilidade, além de ter noções gerais do Código Civil e do Código Tributário Nacional, enfim, conhecimentos de direito civil e de direito penal. Todos os documentos que estiverem disponíveis deverão ser analisados, como extrato de cartão de crédito, extrato de cheque especial, carnês de lojas ou de prestações de um financiamento imobiliário ou de um automóvel, contratos de securitização, entre outros.

Com base na análise feita por um perito, um laudo técnico é emitido para consolidar o trabalho. Conforme o Conselho Regional de Contabilidade de Goiás (CRCGO, 2014, p. 65), "O laudo pericial é a prova da perícia. No entanto, o laudo pericial por si só não é garantia de que a perícia atingiu o objetivo para o qual foi deferida".

Síntese

Neste último capítulo, vários conceitos importantes para consolidar o trabalho de um perito foram abordados.

Para sabermos se um investimento é vantajoso, estudamos o o valor presente líquido (VPL) e a taxa mínima de atratividade (TMA). Na sequência, analisamos a taxa interna de retorno (TIR), para conhecermos o custo efetivo de um investimento.

Em seguida, detalhamos cálculos com *leasing* e com debêntures. Também analisamos conceitos como *spread* bancário, expurgos inflacionários, conta corrente garantida, cartão de crédito consignado, antecipação de recebíveis, *factoring*, *hedge* e *payback*.

Finalmente, vimos algumas considerações sobre os documentos da perícia.

Questões para revisão

1) Suponha um banco que capta o dinheiro a 1,4% ao mês e, em seus empréstimos aos clientes, cobra uma taxa efetiva de 4,4% ao mês. Qual foi o *spread* praticado pelo banco?

   a. I = 3,0%
   b. I = 2,95858%
   c. I = 5,91716%
   d. I = 3,06%

2) Entende-se por *expurgo inflacionário*:

   a. o aumento do custo de vida em um período considerado.
   b. a não utilização do índice de inflação para a correção de um valor financeiro.
   c. a não correção do saldo do FGTS de acordo com a inflação.
   d. a substituição de indicadores para correção do saldo da caderneta de poupança.

3) Qual das afirmações a seguir é verdadeira?

   a. *Factoring* é uma operação que visa proteger operações financeiras do risco de grandes variações de preço de um determinado ativo.
   b. Recebíveis com títulos a receber são, por exemplo, vendas com cheques pré-datados de clientes.
   c. *Hedge* é um instrumento que visa proteger operações financeiras do risco de grandes variações de preço de um determinado ativo.
   d. Selic é a taxa referencial, atualizada diariamente pelo Banco Central.

4) Calcule o *payback* simples de um investimento de R$ 40.000,00 que tem previsão de faturamento líquido de R$ 2.500,00 ao mês.

   a. 16 meses
   b. 10 meses
   c. 20 meses
   d. 24 meses

5) Qual das afirmativas a seguir é a correta?

   a. Associação é uma organização resultante da reunião legal entre duas ou mais pessoas, com fins lucrativos, para a realização de um objetivo comum.
   b. Consórcio é uma associação de dois ou mais indivíduos com o objetivo de partilhar recursos para atingir um objetivo comum.
   c. Cooperativa de crédito é uma associação em que os cooperados, apesar de não participarem de sua gestão, usufruem de seus produtos e de seus serviços.
   d. *Joint venture* é uma parceria comercial entre duas ou mais empresas que, apesar de perderem sua identidade, têm objetivos financeiros em comum.

6) Um automóvel foi adquirido pelo sistema *leasing* em 24 prestações de R$ 2.780,00, em uma loja que utilizou uma taxa de juros compostos de 1,8% ao mês. Considerando-se que a primeira prestação foi dada no ato da compra, qual é o preço à vista desse automóvel? Suponha que após os 24 meses do contrato não houve valor residual.

   a. C = 52.915,59
   b. C = 53.791,70
   c. C = 51.979,95
   d. C = 54.759,95

7) Um investidor adquiriu 5.000 debêntures simples com um rendimento mensal, prefixado, de 1,8% ao mês. Cada debênture tem valor unitário de R$ 2.000,00. O rendimento será pago pelo emissor mensalmente e o investidor reaplicará tal rendimento em uma instituição financeira que está pagando 1,2% ao mês. O prazo de vencimento das debêntures é de 30 meses. A reaplicação foi feita em fundos de ações, cujo IR é de 15% sobre o rendimento. Quanto esse investidor terá daqui a 30 meses, considerando-se que ele vai resgatar em moeda seu valor inicial e que ele aplicou em debêntures incentivadas, ou seja, aquelas emitidas por empresas do setor de infraestrutura e que são isentas de IR sobre o rendimento?

a. M = 16.453.918,90
b. M = 15.558.087,80
c. M = 15.485.831,05
d. M = 11.053.918,90

Questões para reflexão

1) Um torno custa, à vista, R$ 1.000.000,00 e deverá ser adquirido por uma metalúrgica que espera uma TMA de 25% ao ano. Esse torno deverá ter uma vida útil de 6 anos e seu valor residual está estimado em R$ 200.000,00. A metalúrgica espera obter de lucro líquido, ano a ano, os seguintes valores:

Ano 1 = R$ 300.000,00
Ano 2 = R$ 300.000,00
Ano 3 = R$ 300.000,00
Ano 4 = R$ 320.000,00
Ano 5 = R$ 320.000,00
Ano 6 = R$ 320.000,00

A metalúrgica deve investir nesse torno? Se sim, por quê? Se não, por quê?

2) Verifique a viabilidade do investimento representado no fluxo de caixa a seguir, para uma TMA de 2,5% ao ano. É viável? Justifique sua resposta.

Ano	Valor
0	– 54.000,00
1	8.000,00
2	10.000,00
3	0
4	5.000,00
5	9.000,00
6	12.000,00
7	6.000,00
8	10.000,00

Considerações finais

Pelo exposto nesta obra, ficou claro que o perito na área financeira/bancária precisa de vastos conhecimentos de matemática financeira, o que inclui desde o domínio de conceitos até a capacidade de resolver cálculos matemáticos com ou sem a utilização de uma calculadora financeira.

Consumidores e empresários não podem ser prejudicados em razão de um cálculo realizado de forma inadequada. Os advogados dos clientes também não podem ter prejuízos.

É necessário que o perito conheça os diversos tipos de juros do mercado financeiro e identifique a situação em que cada um deles se aplica. É preciso ter muita atenção na análise de um sistema de amortização, principalmente se houver a troca de um sistema por outro ou se o prazo de financiamento for prorrogado a pedido do cliente.

Após a leitura atenta dos conteúdos desta obra e a resolução das questões de cada capítulo, você estará apto a emitir um laudo técnico que envolva cálculos financeiros.

Referências

BANCO CENTRAL DO BRASIL. **Cooperativismo de crédito cresce a passos largos no Brasil**. 13 set. 2023. Disponível em: <https://www.bcb.gov.br/detalhenoticia/716/noticia>. Acesso em: 31 maio 2024.

BRASIL. Lei n. 10.406, de 10 de janeiro de 2002. **Diário Oficial da União**, Poder Legislativo, Brasília, DF, 11 jan. 2002. Disponível em: <https://www.planalto.gov.br/ccivil_03/leis/2002/l10406compilada.htm>. Acesso em: 8 out. 2024.

BRASIL. Lei n. 11.960, de 29 de junho de 2009. **Diário Oficial da União**, Poder Executivo, Brasília, DF, 30 jun. 2009a. Disponível em: <https://www.planalto.gov.br/ccivil_03/_ato2007-2010/2009/lei/l11960.htm>. Acesso em: 8 out. 2024.

BRASIL. Lei n. 13.105, de 16 de março de 2015. **Diário Oficial da União**, Poder Legislativo, Brasília, DF, 17 mar. 2015. Disponível em: <https://www.planalto.gov.br/ccivil_03/_ato2015-2018/2015/lei/l13105.htm>. Acesso em: 8 out. 2024.

BRASIL. Medida Provisória n. 2.180-35, de 24 de agosto de 2001. **Diário Oficial da União**, Poder Executivo, Brasília, DF, 27 ago. 2001. Disponível em: <https://www.planalto.gov.br/ccivil_03/mpv/2180-35.htm>. Acesso em: 8 out. 2024.

BRASIL. Superior Tribunal de Justiça. Recurso Especial n. 1.061.530/RS. Relatora: Ministra Nancy Andrighi. **Diário da Justiça Eletrônico**, 10 mar. 2009b. Disponível em: <https://scon.stj.jus.br/SCON/GetInteiroTeorDoAcordao?cod_doc_jurisp=913712>. Acesso em: 20 maio 2024.

CASAGRANDE NETO, Humberto. **Abertura do capital de empresas no Brasil**: um enfoque prático. 3. ed. São Paulo: Atlas, 2000.

CASTANHEIRA, N. P. **Métodos quantitativos**. 3. ed. rev. Curitiba: Ibpex, 2018.

CASTANHEIRA, N. P.; MACEDO, L. R. D. de. **Matemática financeira aplicada**. 2. ed. rev., atual. e ampl. Curitiba: InterSaberes, 2020. (Série Matemática Aplicada).

CASTANHEIRA, N. P.; SERENATO, V. S. **Matemática financeira e análise financeira para todos os níveis**. 3. ed. Cutitiba: Juruá, 2014.

CRCGO – Conselho Regional de Contabilidade de Goiás. **Manual de Procedimentos Periciais**. 2014. Disponível em: <https://www.crcgo.org.br/novo/wp-content/uploads/2014/09/Livro_pericia.pdf>. Acesso em: 8 out. 2024.

DINIZ, M. H. **Dicionário jurídico**. 3. ed. São Paulo: Saraiva, 2008.

FACHINI, T. O que é anatocismo? Marcos jurídicos e jurisprudência. **Projuris**, 20 set. 2023. Disponível em: <https://www.projuris.com.br/blog/anatocismo>. Acesso em: 17 jun. 2024.

GONÇALVES, C. R. **Direito civil brasileiro**. 6. ed. São Paulo: Saraiva, 2009.

HOUAISS, A. **Dicionário Houaiss da língua portuguesa**. Rio de Janeiro: Objetiva, 2001.

IBGE – Instituto Brasileiro de Geografia e Estatística. **Censo Demográfico 2010**. Rio de Janeiro, 2010. Disponível em: <https://www.ibge.gov.br/estatisticas/sociais/populacao/9662-censo-demografico-2010.html>. Acesso em: 17 jun. 2024.

IBGE – Instituto Brasileiro de Geografia e Estatística. Diretoria de Pesquisas. Coordenação de População e Indicadores Sociais. **Projeção da População por Sexo e Idade para o Brasil, Grandes Regiões e Unidades da Federação**. 2013.

LOEWENKRON, R. B. Fomento mercantil: factoring. In: EMERJ – Escola de Magistratura do Estado do Rio de Janeiro. **Fomento mercantil: factoring. Propriedade industrial**. Rio de Janeiro: Emerj, 2012. (Série Aperfeiçoamento de Magistrados, v. 9).

MARINHO, M. A. de M. **A capitalização dos juros e o conceito de anatocismo**. Rio de Janeiro: Emerj, 2012. (Série Aperfeiçoamento de Magistrados – Curso "Juros – Aspectos Econômicos e Jurídicos", v. 5).

"NOTÍCIA bem recebida", diz Bolsonaro sobre EUA priorizarem Brasil na OCDE. **Infomoney**, 15 jan. 2020. Disponível em: <www.infomoney.com.br/minhas-financas/credito/noticia>. Acesso em: 9 mar. 2024.

O QUE PODE se entender por expurgos inflacionários? **JurisWay**. Disponível em: <https://www.jurisway.org.br/v2/pergunta.asp?idmodelo=503>. Acesso em: 7 out. 2024.

PERÍCIA. In: **Priberam dicionário**. Disponível em: <https://dicionario.priberam.org/per%C3%ADcia#:~:text=1.,por%20um%20perito%20ou%20especialista>. Acesso em: 5 ago. 2024.

SEBRAE – Serviço Brasileiro de Apoio às Micro e Pequenas Empresas. **Entenda o que é factoring**. 30 set. 2019. Disponível em: <https://sebrae.com.br/sites/PortalSebrae/sebraeaz/entenda-o-que-e-factoring,22e655434096d610VgnVCM100000 4c00210aRCRD>. Acesso em: 9 mar. 2024.

TORRANO, M. A. V. Os juros remuneratórios no direito bancário: doutrina e prática forense. **Jusbrasil**, 2014. Disponível em: <https://advtorrano.jusbrasil.com.br/artigos/113783432/os-juros-remuneratorios-no-direito-bancario-doutrina-e-pratica-forense>. Acesso em: 17 jun. 2024.

Respostas

CAPÍTULO 1

Questões para revisão

1) Complete o quadro a seguir:

Porcentagem	50%	75%	10%
Como se lê	Cinquenta por cento	Setenta e cinco por cento	Dez por cento
Fração correspondente	$\dfrac{50}{100}$ ou $\dfrac{1}{2}$	$\dfrac{75}{100}$ ou $\dfrac{3}{4}$	$\dfrac{10}{100}$ ou $\dfrac{1}{10}$
Número decimal	0,50	0,75	0,10

2) b

O aumento da dívida nos 30 dias foi de R$ 1.852,50.

12.350,00   100%

1.852,50   x

$x = \dfrac{185.250}{12.350,00}$

x = 15%

3) d

Total = 808 candidatos

606 compareceram

808 – 606 = 202 faltaram

$\dfrac{202}{808} = \dfrac{x}{100}$

$x = \dfrac{20.200}{808}$

x = 25

Logo, não compareceram 25% dos inscritos.

4) a

Como a profundidade inicial não foi registrada, vamos chamá-la de **h**. Pelo gráfico, observamos que a profundidade máxima ocorre às 15 horas com (h + 6 m).

Às 16 horas, a profundidade do rio diminuiu 10%, ou seja, tornou-se 90% da profundidade registrada às 15 horas, 0,9 (h + 6 m). Olhando para o gráfico, podemos dizer que esse valor corresponde a (h + 4 m), comparando-se com a profundidade inicial (h).

Portanto, os dados são relacionados da seguinte forma:

h + 4 m = 0,9 · (h + 6 m)

h + 4 m = 0,9 h + 5,4 m

h – 0,9 h = 5,4 m – 4 m

0,1 h = 1,4 m

$h = \dfrac{1,4}{0,1}$

h = 14 m

Como descobrimos a profundidade inicial, podemos calcular a profundidade às 16 horas.

h + 4 m = x

14 m + 4 m = x

x = 18 m

Outra forma de raciocinar é a seguinte: como a profundidade diminuiu 10% das 15 às 16 horas, vemos pelo gráfico que nesse intervalo o rio desceu 2 metros. Como 2 metros corresponde a 10%, verificamos que 100% são 20 metros. Se o rio desceu 2 metros, às 16 horas ele estava como 18 metros.

5) d

A figura é retangular, com 10 x 10 = 100 partes iguais. A área não pintada tem 35 dessas 100 partes, ou seja, 35 por cento, que representamos por 35%.

CAPÍTULO 2

Questões para revisão

1) a

I. R$ 915,60

II. R$ 933,16

III. R$ 946,12

Solução:

a. $J = C \cdot i \cdot n = 22890,00 \cdot 0,24 \cdot \dfrac{60}{360} = 915,60$

b. $J = C \cdot i \cdot n = 22890,00 \cdot 0,24 \cdot \dfrac{62}{365} = 933,16$

c. $J = C \cdot i \cdot n = 22890,00 \cdot 0,24 \cdot \dfrac{62}{360} = 946,12$

2) Teve prejuízo. Caso o fazendeiro tivesse vendido as sacas a R$ 115,00, receberia R$ 575.000,00. Aplicando esse capital por 3 meses a uma taxa de juros simples de 3% ao mês, receberia R$ 51.750,00 de juros e ficaria com o montante de R$ 626.750,00. Como ele vendeu as sacas a R$ 122,00, ficou com um montante de R$ 610.000,00.

3) c

4) d

$M = C \cdot (1 + i \cdot n)$

$114.400,00 = 100.000,00 \, (1 + i \cdot 12)$

$114.400,00 = 100.000,00 + 1.200.000,00 \cdot i$

$114.400,00 - 100.000,00 = 1.200.000,00 \cdot i$

$i = \dfrac{14.400,00}{1.200.000,00}$

$i = 0,012$ a.m. ou $i = 1,2\%$ a.m.

5) Não é vantajosa, porque esses dois valores nominais somados, tendo seus valores postergados para pagamento daqui a 15 meses, a uma taxa de juros simples de 1,8% ao mês, valerão R$ 86.147,95.
O valor proposto é maior, ou seja, é de R$ 90.000,00.

$M_1 = 28.000,00$

$n_1 = 7$ m.

$M_2 = 49.000,00$

$n_2 = 1$ a. $= 12$ m.

$M = ?$

$n = 15$ m.

$i = 1,8\%$ a.m. $= 0,018$ a.m.

$M = \dfrac{M_1 \cdot (1 - i \cdot n_1)}{(1 - i \cdot n)} + \dfrac{M_2 \cdot (1 - i \cdot n_2)}{(1 - i \cdot n)}$

$M = \dfrac{28.000,00 \cdot (1 - 0,018 \cdot 7)}{(1 - 0,018 \cdot 15)} +$

$+ \dfrac{49.000,00 \cdot (1 - 0,018 \cdot 12)}{(1 - 0,018 \cdot 15)}$

$M = \dfrac{24.472,00}{0,73} + \dfrac{38.416,00}{0,73}$

$M = 33.523,29 + 52.624,66$

$M = 86.147,95$

CAPÍTULO 3

Questões para revisão

1) c

2) c

Taxa nominal:

$M = C \cdot (1 + i)^n$

$36000,00 = 30000,00 \cdot (1 + i)^1$

Observar que consideramos n = 1 período

$36.000,00 = 30.000,00 + 30.000,00 \cdot i$

$30.000 \cdot i = 36.000,00 - 30.000,00$

$i = \dfrac{6.000,00}{30.000,00}$

$i = 0,20$ no período ou 20% no período

Taxa efetiva:

$M = C \cdot (1 + i)^n$

$36.000,00 = (30.000,00 - 300,00) \cdot (1 + i)^1$

$36.000,00 = 29.700,00 \, (1 + i)$

$36.000,00 = 29.700,00 + 29.700,00 \cdot i$

$29.700,00 \cdot i = 36.000,00 - 29.700,00$

$i = \dfrac{6.300,00}{29.700,00}$

i = 0,2121 no período ou i = 21,21% no período

Taxa real:

O capital menos as despesas, corrigido pela inflação, é:

$(30.000,00 - 300,00) \cdot 1,04 = 30.888,00$

$M = C \cdot (1 + i)^n$

$36.000,00 = 30.888,00 \cdot (1 + i)^1$

$36.000,00 = 30.888,00 + 30.888,00 \cdot i$

$30.888,00 \cdot i = 36.000,00 - 30.888,00$

$i = \dfrac{5.112,00}{30.888,00}$

i = 0,1655 no período ou i = 16,55% no período

3) b

Como a capitalização é mensal, precisamos conhecer a taxa ao mês.

$i_t = 30\%$ a.a. $= 0,30$ a.a.

$i_q = ?$

$n_q = 1$ mês

$n_t = 1$ ano $= 12$ meses

$i_q = (1 + i_t)^{q/t} - 1$

$i_q = (1 + 0,30)^{1/12} - 1$

$i_q = (1,30)^{1/12} - 1$

$i_q = 0,02210445$ a.m. ou 2,210445% a.m.

$M = C \cdot (1 + i)^n$

$M = 123.000,00 \cdot (1 + 0,02210445)^8$

$M = 123.000,00 \cdot 1,19113843$

$M = 146.510,03$

Fazendo o cálculo do valor à vista pela HP-12C, pressionamos a seguinte sequência de teclas:

f   REG

f   6

STO EEX

100 CHS PV

130 FV

12 n

i   (No visor, temos 2,210445% a.m.)

f   REG

f   2

123000.00   CHS   PV

8   n

2.210445   i

FV   (No visor, temos 146.510,03)

4) a

M = 200.000,00

i = 1,45% a.m.

n = 5 m.

$Vr = \dfrac{M}{(1 + i)^n}$

$Vr = \dfrac{200.000,00}{(1 + 0,0145)^5}$

$Vr = \dfrac{200.000,00}{1,07463321}$

Vr = 186.110,01

Fazendo o cálculo do valor à vista pela HP-12C, pressionamos a seguinte sequência de teclas:

f   REG

f   2

200000.00   CHS   FV

5   n

1.45   i

PV   (No visor, temos 186.110,01)

5) d

M = 23.477,00

n = 10 m.

i = 2% a.m. = 0,02 a.m.

$M_1 = ?$

$n_1 = 18$ m.

$\dfrac{M}{(1 + i)^n} = \dfrac{M_1}{(1 + i)^{n_1}}$

$\dfrac{23.477,00}{(1 + 0,02)^{10}} = \dfrac{M_1}{(1 + 0,02)^{18}}$

$M_1 \cdot 1,21899442 = 23.477,00 \cdot 1,42824625$

$M_1 = \dfrac{33.530,93715}{1,21899442}$

$M_1 = 27.507,05$

Fazendo o cálculo do valor à vista pela HP-12C, pressionamos a seguinte sequência de teclas:

f	REG
f	2
23477.00 CHS	FV
10	n
2	i
PV	(No visor, temos 19.259,32)
f	REG
19259.32 CHS	PV
18	n
2	i
FV	(No visor, temos 27.507,05)

CAPÍTULO 4

Questões para revisão

1) O proprietário não está com a razão, pois ele efetuou o cálculo como se não houvesse carência.

$M = C \cdot (1 + i)^n$

$M = 100.000,00 \cdot (1 + 0,0324)^5$

$M = 117.284,33$

$$C = p \cdot \left(\frac{(1+i)^n - 1}{(1+i)^n \cdot i} \right)$$

$117.284,33 = p \cdot \dfrac{(1 + 0,0324)^{10} - 1}{(1 + 0,0324)^{10} \cdot 0,0324}$

$117.284,33 = p \cdot \dfrac{0,37556133112}{0,04456818712819}$

$117.284,33 = p \cdot 8,42666833272319$

$p = \dfrac{117.284,33}{8,42666833272319}$

$p = 13.918,23$

Fazendo o cálculo do valor à vista pela HP-12C, pressionamos a seguinte sequência de teclas:

f	REG	
f	2	
1000000.00	CHS	PV
3.24	i	
5	n	
FV	(A base de cálculo para as 10 parcelas é de 117.284,33)	
117284.33	CHS	PV
10	n	
3.24	i	
PMT	(São 10 parcelas de 13.918,23)	

2) c

Como a entrada foi de 1.999,00, o valor financiado foi de 7.000,00. Como a primeira parcela do financiamento só vencerá 4 meses após a compra, trata-se de uma renda diferida.

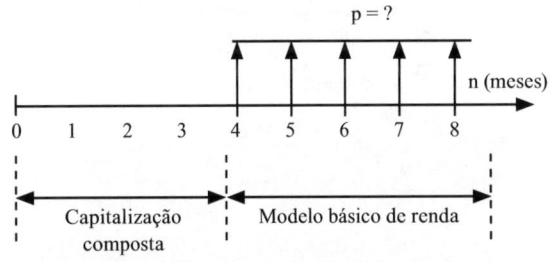

Observe que, dividindo-se a renda diferida em duas partes, a segunda parte desse exemplo é um modelo básico de renda. Como nesse modelo não há entrada, consideramos o modelo básico de renda do 3º ao 8º mês. Logo, do dia zero ao final do 3º mês, temos uma capitalização composta.

O capital de 7.000,00 valerá após 3 meses:

$M = C \cdot (1 + i)^n$

$M = 7.000,00 \cdot (1 + 0,026854)^3$

$M = 7.000,00 \cdot 1,082744777$

$M = 7.579,21$

Fazendo o cálculo do valor à vista pela HP-12C, pressionamos a seguinte sequência de teclas:

f	REG	
f	2	
7000.00	CHS	PV
3	n	
2.6854	i	
FV	(No visor, temos 7.579,21)	

Esse é o valor a ser considerado para o cálculo das 5 parcelas. Então, temos:

$$C = p \cdot \left(\frac{(1+i)^n - 1}{(1+i)^n \cdot i} \right)$$

$$7.579,21 = p \cdot \frac{(1 + 0,026854)^5 - 1}{(1 + 0,026854)^5 \cdot 0,026854}$$

$$7.579,21 = p \cdot \frac{0,14167764}{1,14167764 \cdot 0,026854}$$

$$7.579,21 = p \cdot \frac{0,14167764}{0,0306586}$$

$$7.579,21 = p \cdot 4,6211386$$

$$p = \frac{7.579,21}{4,6211386}$$

$$p = 1.640,12$$

Fazendo o cálculo do valor à vista pela HP-12C, pressionamos a seguinte sequência de teclas:

f	REG	
f	2	
7579.21	CHS	PV
5	n	
2.6854	i	
PMT	(No visor, temos 1.640,12)	

3) a
Calculando o valor presente para o fluxo de caixa com 9 parcelas mensais e iguais a 50.000,00, sendo que a primeira venceu um mês após a compra, temos:

$$C = 50.000,00 \cdot \frac{(1+i)^n - 1}{(1+i)^n \cdot i}$$

$$C = 50.000,00 \cdot \frac{(1 + 0,0212)^9 - 1}{(1 + 0,0212)^9 \cdot 0,0212}$$

$$C = 50.000,00 \cdot \frac{0,2078062}{0,0256054915}$$

$$C = 50.000,00 \cdot 8,115688777$$

$$C = 405.784,44$$

Fazendo o cálculo do valor à vista pela HP-12C, pressionamos a seguinte sequência de teclas:

f	REG	
f	2	
50000.00	CHS	PMT
9	n	
2.12	i	
PV	(No visor, temos 405.784,44)	

Para calcularmos o valor presente para o fluxo de caixa de 3 balões de 85.000,00 pagos nos meses 3, 6 e 9 após a compra, primeiramente, precisamos saber qual é a taxa de juros equivalente ao trimestre:

$i_t = 2,12\%$ a.m. $= 0,0212$ a.m.

$i_q = ?$

$n_q = 1$ trimestre $= 3$ meses

$n_t = 1$ mês

$i_q = (1 + i_t)^{q/t} - 1$

$i_q = (1 + 0,0212)^{3/1} - 1$

$i_q = (1,0212)^3 - 1$

$i_q = 0,06495785$ a.t. $= 6,495785\%$ a.t.

Fazendo o cálculo do valor à vista pela HP-12C, pressionamos a seguinte sequência de teclas:

f	REG	
f	6	
STO	EEX	
100	CHS	PV
102.12	FV	
1	ENTER 3 :	n
i	(No visor, temos 6,495785% a. t.)	

Agora, calculamos o fluxo de três balões trimestrais no valor de 85.000,00 cada um.

$$C = 85.000,00 \cdot \frac{(1+i)^n - 1}{(1+i)^n \cdot i}$$

$$C = 85.000,00 \cdot \frac{(1 + 0,06495785)^3 - 1}{(1 + 0,06495785)^3 \cdot 0,06495785}$$

$$C = 85.000,00 \cdot \frac{0,207806208}{0,0784564945}$$

$$C = 85.000,00 \cdot 2,6486807666$$

$$C = 225.137,87$$

Fazendo o cálculo do valor à vista pela HP-12C, pressionamos a seguinte sequência de teclas:

f	REG
f	2
85000.00 CHS	PMT
3	n
6.495785	i
PV	(No visor, temos 225.137,87)

Então, preço à vista do imóvel é:

185.000,00 + 405.784,44 + 225.137,87 = 815.922,31

4) O reclamante tinha razão porque, se foi dada uma entrada, o valor a ser financiado era de R$ 108.000,00. Nesse caso, as prestações deveriam ser de R$ 4.162,66. Observou-se que as prestações estão sendo cobradas supondo-se que foi financiado o valor total do veículo.

5) d

$i = 0{,}8\%$ a.m. $= 0{,}008$ a.m.

$n = 5$ a. $= 60$ m.

$p = 1.000{,}00$

$$M = p \cdot \frac{(1+i)^n - 1}{i}$$

$$M = 1.000{,}00 \cdot \frac{(1+0{,}008)^{60} - 1}{0{,}008}$$

$M = 1.000{,}00 \cdot 76{,}62387$

$M = 76.623{,}87$

Fazendo o cálculo do valor à vista pela HP-12C, pressionamos a seguinte sequência de teclas:

f	REG
f	2
1000.00 CHS	PMT
0.8	i
60	n
FV	(No visor, temos 76.623,87)

CAPÍTULO 5

Questões para revisão

1) O cliente não tem razão. Por quê?
Como foi utilizado o SAC, temos:

$$a = \frac{180.000{,}00}{18}$$

$a = 10.000{,}00$

$J = i \cdot sd$

$J = 0{,}012 \cdot 180.000{,}00$

$J = 2.160{,}00$

$p = a + J + \text{Seguro}$

$p = 10.000{,}00 + 2.160{,}00 + 2.184{,}00$

$p = 14.344{,}00$

2) b
No SAF, as prestações são todas iguais. Temos, então:

$$C = p \cdot \frac{(1+i)^n - 1}{(1+i)^n \cdot i}$$

$$250.000{,}00 = p \cdot \frac{(1+0{,}0248)^{36} - 1}{(1+0{,}0248)^{12} \cdot 0{,}0248}$$

$$250.000{,}00 = p \cdot \frac{1{,}415506456}{0{,}05990456}$$

$250.000{,}00 = p \cdot 23{,}6293607$

$$p = \frac{250.000{,}00}{23{,}6293607}$$

$p = 10.580{,}06$

Fazendo o cálculo do valor à vista pela HP-12C, pressionamos a seguinte sequência de teclas:

f	REG
f	2
250000.00 CHS	PV
2.48	i
36	n
PMT	(No visor, temos 10.580,06)

3) Sim. No SAC, a prestação no início é maior que no SFA ou no SAM, mas os juros totais são menores. As últimas prestações no SAC são menores que nos outros dois sistemas.

4) c

$$a = \frac{360.000{,}00}{36}$$

$a = 10.000{,}00$

$p = a + J$

$17.200,00 = 10.000,00 + J$

$J = 7.200,00$

$J = i \cdot sd$

$7.200,00 = i \cdot 360.000,00$

$i = \dfrac{7.200,00}{360.000,00}$

$i = 0,02$ a.m.

$i = 2\%$ a.m.

5) d

$a = \dfrac{444.000,00}{120}$

$a = 3.700,00$

$sd = 444.000,00 - 3.700,00$

$sd = 440.300,00$

CAPÍTULO 6

Questões para revisão

1) b

$i = \dfrac{1 + i_a}{1 + I} - 1$

$0,014 = \dfrac{1 + 0,044}{1 + I} - 1$

$1 + 0,014 = \dfrac{1,044}{1 + I}$

$1,014 \cdot (1 + I) = 1,044$

$(1 + I) = \dfrac{1,044}{1,014}$

$I = 1,0295858 - 1$

$I = 0,0295858$

Ou seja: $I = 2,95858\%$

Esse é o *spread* bancário.

2) b

3) c

4) a

5) b

6) d

7) c

Sobre o autor

Nelson Pereira Castanheira tem graduação em Eletrônica pela Universidade Federal do Paraná (UFPR) e em Matemática, Física e Desenho Geométrico pela Pontifícia Universidade Católica do Paraná (PUCPR). Fez mestrado em Gestión de Recursos Humanos na Universidad de Extremadura, na Espanha. Fez doutorado em Engenharia de Produção na Universidade Federal de Santa Catarina (UFSC). É autor de vários artigos publicados em congressos nacionais e internacionais e de 40 livros e capítulos de livros ao longo dos seus mais de 50 anos de magistério. Atuou durante 30 anos em empresas de grande porte, como International Business Machines Corporation (IBM), Siemens S/A e Sistema Telebras. Atua como delegado na Cátedra de Cidades que Educam e Transformam, da United Nations Educational, Scientific and Cultural Organization (Unesco). Ocupa a cadeira de número 35 na Academia de Letras José de Alencar, com sede em Curitiba-PR.

Impressão:
Dezembro/2024